NOBODIES KOKORO

IN NOMINE PILU
(TOGHE, ESCORT, COCAINA)

LIBRO 4

MOVENTI BIANCHI E VERITÁ ANNASPANTI

MOVENTI BIANCHI E

VERITÁ ANNASPANTI

I

IL COLONNELLO SENZA NOME

Parole dette con lingue biforcute,
baci di Giuda, sorrisi da iena.
Quanti attori mancati recitano in
questo palcoscenico del grottesco.
(cristianik, Twitter)

Incoming_M.llo Ena [omissis] _2012_6_ 11_12_35_2.mp3
M «Buongiorno Maresciallo Ena»
[M.llo Ena Gdf 00:00] «Buongiorno, [Marco], eh ho chiamato pure l'avvocato suo perché non trovavo il numero di telefono Suo, Eh»
[M 00:03] «Sì mi dica»
[M.llo Ena Gdf 00:05] «Eh mo' sono intercettazioni (intende che ha cercato il mio numero tra gli atti delle

intercettazioni) ho detto, provo uno di questi qua e invece m'ha risposto, senta [Marco], non c'è un problema, allora dovremmo chiudere la verifica a ditta [omissis] di Marco»

[M 00:15] «Non ho capito, non sento, sento male, dovete chiudere…»

[M.llo Ena Gdf 00:19] «No, dovremmo chiudere la verifica alla ditta [omissis] Marco, Eh. E lei però dovrebbe venire su stavolta, perché non ci possiamo spostare noi. Abbiamo problemi col Colonnello, non vuole che facciamo spostamenti per le chiusure delle verifiche. Lei ha problemi, lei mi sembra che… ha l'obbligo di firma adesso»

[M 00:38] «Sì»

[M.llo Ena Gdf 00:39] «Sì, vabbè, calcoli che noi tempo se viene su tempo in un'oretta abbiamo fatto tutto, ci deve solo firmare verbale. Insomma, un attimino, quello che so, i rilievi anche un'oretta abbiamo fatto tutto insomma»

[M 00:52] «Vabbè, vabbè, sì, sì facciamo così. Io siccome ho l'auto che è… un po' cade a pezzi e quindi devo venire su in treno? Eh, facciamo così»

[M.llo Ena Gdf 01:02] «Eh no»

[M 01:04] «Beh, ma tanto è vicino, è vicino a piedi. So dov'è. volevo chiedere oggi no, domani si può…»

[M.llo Ena Gdf 01:10] «No, no, io no, no. Io oggi no, no, no. Faccia giovedì o venerdì? Io giovedì… sarebbe»

[M 01:15] «Facciamo…, facciamo giovedì, perché venerdì ho la firma e non vorrei arrivare in ritardo»

[M.llo Ena Gdf 01:19] «Giovedì alle undici AM»

[M 01:23] «Sì, sì, sì. Giovedì alle undici AM va bene? No, no, beh, adesso… devo far venire anche l'avvocato?»

[M.llo Ena Gdf 01:35] «No, no, no, avvocato, mica serve questa… mica è roba penale questa… è roba amministrativa»

[M. 01:42] «Ah OK vabbè, quindi… ah, vabbè che poi tanto, è tutta da discutere perché c'è la causa, insomma. Sì? no?»

[M.llo Ena Gdf 01:49] «Beh, noi… questa… noi è una, è un verbale di constatazione. Noi stiamo constatando quello che, secondo me, rilievi da fare, poi dopo quello insomma era tutto lei. A noi servirebbe solo che viene su, firma il verbale, gli spiego quello che, i rilievi che abbiamo fatto. Insomma, i rilievi quali sono? Sono quelli relativi alle fatture emesse da [Marco]»

[M 02:07] «Sì, sì, va bene.»

[M.llo Ena Gdf 02:09] «Quella là, insomma»

[M 02:09] «Vabbè, allora facciamo giovedì, giovedì alle undici?»

[M.llo Ena Gdf 02:13] «OK giovedì alle undici la ringrazio, OK?»

[M 02:18] «Va bene, buona giornata, Buongiorno»

Il maresciallo Ena richiama immediatamente per specificare che devo arrivare a Sondrio e non a bergamo in Gdf, gli spiego che ho capito; decido di chiamare l'avvocato Martinoli, mi dice che il maresciallo Ena non l'ha chiamata come sostiene lui, gli dico dell'accertamento, vuole che dopo averlo firmato e ritirato glielo lasci nel suo ufficio, non ne capisco il motivo, ma inizio a pensare che siano dalla stessa parte, non ho scelta per ora, non ho un altro avvocato.

Ciò che più odio in questo periodo è che ho dovuto farmi assumere come dipendente per la questione della firma in caserma due volte la settimana. Il quattordici giugno sono a ritirare questa verifica, da quello che vedo mi hanno fatto sanzioni superiori al fatturato, sono circa venti o venticinque milioni di euro di multe, forse ventisette, voglio vedere cosa farà l'avvocato Martinoli, intendo…, si terrà lì il fascicolo non facendo nulla e quindi mi saboterà partecipando a questo teatrino? Io dal canto mio non pago più nessun avvocato senza rendiconto delle attività. Inoltre, giudico un teatrino la circostanza che il maresciallo Ena abbia negato di avere il mio numero, quando al contrario il mio numero di cellulare era in suo possesso. Così facendo, ha cercato di farmi di aver chiamato l'avvocato mentre in verità non ha chiamato nessuno e ciò mimi fa pensare che ancora una volta vogliano fare porcate: a mio parere nessun colonnello ha detto nulla. Insomma, se a New York (Sleepy Hollow) hanno il cavaliere senza testa, a Sondrio hanno il colonnello senza nome.

II

STEFANIA LEE

L'ipocrisia non è lo strumento
dell'ipocrita,
ma la sua prigione.
(Nicolás Gómez Dávila)

Mentre cerco clienti che necessitano di assistenze informatiche, trovo un lavoro in un magazzino, doveva essere un lavoro part-time, ma si è rivelato full-time. É un lavoro comunque provvisorio, ma durerà tre mesi meno delle mie necessità. É inizio duemila tredici, mi arriva sul telefono una notifica da Facebook su un post pubblicato da Stefania, la moglie di Marcello Lee, metto un mi piace, mi scrive, «Ma ci sei ancora» le dico che sto bene, che sono riuscito a contattare Laura.

Stefania «Che ne è della tua dignità?»

Non le rispondo, ma colgo l'occasione per scrivere qui chi è lei: Marcello Lee, i primi dieci anni in cui ha vissuto in Italia, lo ha fatto con un permesso di studente, al decimo anno di permanenza, ma solo il nono di residenza, la polizia gli ha comunicato che, se non presentava un contratto di lavoro, non avrebbe avuto il rinnovo del permesso di soggiorno, non era nemmeno nelle condizioni di richiedere la cittadinanza, quindi si sposò con Stefania la ballerina, la quale aveva un figlio avuto da una precedente relazione che allora aveva sei mesi. Marcello Lee si trasferì a casa di lei e per accordi che lui disse a voce alta in piazza, accettò di pagare metà della rata del mutuo fino all'estinzione. Proprio lei viene a parlare a me di dignità che sto lottando per riavere la mia libertà, sono in una prigione invisibile, quelli che tentano di stringere il perimetro attorno a me sono proprio quelli che dovrebbero garantire i diritti dei cittadini, ecco i commenti ipocriti di chi balla sulla propria dignità auto manipolandosi, per non affrontare la realtà.

III

RECORD NAZIONALE DI DIVISE INDAGATE

> La corruzione è come una palla
> di neve, quando incomincia a
> rotolare può solo aumentare.
> (Charles Caleb Colton)

Un pomeriggio come tanti al computer a lavorare da casa, è il 30/10/2013, squilla il telefono, è Domenico, un ex collega di lavoro, forse vuole che ci si veda per un caffè oppure vuole che gli scarichi un film per suo figlio.

M «Ciao, dimmi, tutto bene?»

Domenico «Ciao, sono finiti i tuoi problemi!»

M «In che senso?»

Domenico «Hai letto i giornali?»

M «No, perché?»

Domenico «Hanno indagato quaranta tra carabinieri, poliziotti e vigili, sta uscendo un casino, il PM è incazzato, dicono li vuole condannare tutti»

M «Aspetta, sono al computer, è vero, record di carabinieri indagati»

Domenico «Hai visto, sono finiti i tuoi problemi!»

M «Non credo, anche un anno dopo che gli ho denunciato la puttana hanno continuato, nonostante hanno anche arrestato il comandante dei vigili.»

Domenico «Dai, stai a vedere»

Marco «Intanto esco a comprare il giornale con l'articolo completo, voglio vedere se ci sono dei nomi.»

Domenico «Ok, poi mandami la copia»

Marco «Ok, grazie, ciao.»

Interessante l'articolo, il PM è Franco Bettini, torinese, vi è anche il concorso in reati legati a stupefacenti, ci sono solo alcuni nomi, facendo alcune indagini ed incontrando alcuni miei contatti, emerge il nome del maresciallo Paolo Porcaro di città alta tra gli indagati. Tra le accuse alle divise ci sono anche l'utilizzo dell'auto di servizio per fini personali e posso confermare che è stata usata anche per gli abusi di potere per servire Frida, la sua fama di mandrillo a cui si concedono per poter avere favori e servizi anche illeciti in caso di necessità è nota a tutti, ma data la situazione vista in tribunale nel duemila-dieci non si esclude che anche in questo caso distruggeranno atti, faranno in modo di insabbiare la questione con l'aiuto di qualche toga rossa; meglio non fasciarsi la testa prima del tempo, ma nemmeno sperare in una condanna, comunque il nome di Porcaro non è tra i nomi sui media, sicuramente qualcuno lo protegge.

Il giorno dopo stranamente mi sono svegliato alle sette, oggi posso gestirmi la mattinata come preferisco. Tra le ore nove e le dieci ricevo una telefonata da un numero privato, è la direzione provinciale dei Carabinieri sita in via delle Valli, devono farmi una notifica, il carabiniere al telefono anziché richiedere di presentarmi in caserma, insiste per conoscere il mio domicilio. Rifiuto di comunicarlo e chiedo istruzioni per il ritiro in direzione provinciale, insiste continuamente per sapere dove sono, «se ci dice dov'è veniamo noi» rispondo con un secco «VENGO IO!», ci accordiamo per il ritiro presso la caserma.

La notifica doveva essere fatta dalla caserma dei carabinieri di città alta, ma viene delegata la caserma di via delle Valli, interessante situazione. Dopo un paio di ore dal contatto telefonico, salgo in auto e mi dirigo in via delle valli, citofono e dico della notifica, mi dicono di percorrere il corridoio, mi indicano la porta in cui entrare, entro nell'ufficio, ci sono due scrivanie e due carabinieri in divisa: pantaloni e camicia, la scrivania di fronte alla porta è parallela a questa, l'altra a destra è perpendicolare.

M «Buongiorno, sono [cognome], mi avete chiamato per una notifica.

Carabiniere «Buongiorno, si accomodi» mi siedo, prende un plico di fogli alla sua destra e se lo mette davanti «[Marco], qui lei ha una notifica per un procedimento di tipo fiscale, ma lei sa sicuramente di cosa si tratta»

M «Sì, lo so»

Carabiniere «Ma lei dove abita [Marco]? Mi dica dove abita, [Marco]»

M «Io non posso dirle dove abito per questioni con i carabinieri perché ho denunciato l'amica di un maresciallo e sono stato, diffamato, minacciato e perseguitato»

Carabiniere «Ma mi dica dove abita? [Marco]»

M «Io non le dico dove abito a mia tutela, non devo dire dove abito, sono comunque reperibile, anzi io pensavo di essere stato chiamato come persona informata sui fatti in relazione all'articolo relativo ai carabinieri arrestati»

Carabiniere «Che articolo di giornale?»

M «Quello dei ventuno carabinieri che c'è sul giornale, quello dei carabinieri arrestati»

Carabiniere «Nessuno è stato arrestato»

M «Quello dei Carabinieri indagati, inoltre sono sparite anche le mie dichiarazioni fatte relative al processo e non avete voluto scrivere alcune cose»

Carabiniere «E dove ha fatto queste dichiarazioni?»

M «Anche in questura»

Carabiniere «La polizia non sono i carabinieri, non facciamo di tutta l'erba un fascio»

M «Ci sono di mezzo anche i Carabinieri!»

Il secondo carabiniere, quello seduto sulla scrivania perpendicolare la stanza alza la testa dai fogli e mi fissa preoccupato, guarda il collega e poi abbassa nuovamente la testa.

Mi fanno firmare la notifica e mi mandano via.

A questo punto penso che la notifica fosse lì da un po' e non sapevano come comportarsi dato il fatto del record di divise indagate.

Qualche mese dopo sono contattato per ricevere un'altra notifica dalla caserma di Seriate (BG) e anche a questi dico «Non posso dichiarare il mio domicilio a tutela della mia incolumità personale», indicando loro il comportamento persecutorio avuto da alcuni Carabinieri. Dopo di che anche questi successivamente non mi contattano più.

IV

LAURA LIAR

> Quando dici una bugia,
> rubi il diritto di qualcuno
> alla verità.
> (Khaled Hosseini)

Marzo duemila-tredici, dopo molti messaggi ed e-mail rimasti senza riscontro, Laura mi scrive in WhatsApp, fissa un incontro per un chiarimento, anticipa nei messaggi che «Non sa nulla di alcuna diffamazione». L'incontro lo fissa in un bar vicino all'ospedale di Seriate (BG) e mentre la aspetto mi scrive di pazientare in quanto non conosce bene la zona; la frase mi appare strana, in quanto, la stessa conosce bene l'ospedale essendo abbastanza vicino a casa dei suoi genitori ad Azzano San Paolo, dove viveva anche lei. Inoltre, a circa trecento metri dall'ospedale vi è la casa dove abitava da adolescente la sua migliore amica, Elena P. alias Leyla Orlando, quindi, inizio a pensare che l'incontro sarà un altro tentativo di depistaggio.

Entriamo nel bar presente adiacente il parcheggio delle poste e ci accomodiamo.

Laura «Come vai a casa dopo questo pomeriggio?»

M «In che senso?»

Laura «Eh, come vai a casa?»

M «Non lo so dipende dalle info che mi dai?»

Laura «Io voglio restare fuori da quelle situazioni»

M «Tu lo sai che Frida è andata in giro a dire che io l'ho minacciata di morte perché tu non uscivi con me per deviare l'attenzione dalle cose che fa?» Laura appoggia il gomito della mano destra sul tavolo, poi il mento sulla mano, pronuncia il corpo in avanti e sorride dicendo «È vero», ride divertita dopo averlo detto, facendo intendere che spaccia per verità quanto appena pronunciato.

M «Cosaa?» mentre stringo con la mano destra il bordo del tavolo per trattenere la rabbia, Laura ride nuovamente divertita dalla sua posizione di potere.

M «Tu lo sai che Frida e la sorella grazie a questo stanno facendo quel cavolo che vogliono truffando anche persone e facendo una truffa come il finto matrimonio?»

Laura «Non mi interessa, io non sono l'eroina della situazione»

M «Ed il fatto che non rispondevi mai al telefono? Ho chiesto a Marta di chiamarti per farti dire chi è che mi diffama, ma non lo ha fatto»

Laura «Effettivamente mi sono resa conto che Marta ha fatto il doppio gioco.»

M «Ecco appunto, cosa ti ha detto?»

Laura «Non mi ha detto niente» ride nuovamente, io continuo ad innervosirmi e lei continua a ridere divertita dalla situazione.

M «Sai che mi è venuta a dire che non saresti mai tornata e che te ne andavi per liberarti delle amiche di merda, ma questo lo sapevo, poi ha detto che era anche per colpa dei tuoi, ma io ho ribattuto che so che con tua madre ci vai d'accordo e lei mi ha risposto che era per tuo padre. Allora, ho detto che non sapevo se con tuo padre andavi d'accordo»

Laura «Ci vado d'accordo. Chi ti ha detto dove lavora mia madre? Corrado?! (intende Corry del caffè cittadella)»

M «No, tu»

Laura inizia a dondolare sulla sedia, picchia la mano destra sul tavolo ed alza la voce dicendo «Ma se mi devi prendere per culo»

Sono innervosito e preoccupato, Laura non vuole dare informazioni.

M «Marta, me lo ha detto Marta, ma anzi, prima sei stata tu che mi hai detto che tua madre lavora in una palestra, dopo è venuto fuori che Corrado e Marta andavano nella palestra dove lavora tua madre, comunque non è stato Corrado» lei è in posizione di vantaggio e lo sa, smette di dondolarsi sulla sedia.

M «Comunque non puoi andare in giro a dire che io ho minacciato di morte Frida perché tu non uscivi con me»

Laura «È vero» ride divertita

M «Io e te stavamo per uscire assieme, poi si sono messi di mezzo per fare un favore a Frida che è amica del maresciallo, ricordi che dovevamo uscire appena tornavi dalla vacanza da Punta Ala? Quindi, non puoi dire questo»

Laura «Ma sì, ti ho detto che saremmo usciti, ma così per dirtelo, ma sei ancora lì, MA SVEGLIA! ma quanto tempo è passato!!!» si mette a ridere di nuovo finita la frase. Nonostante possa apparire un comportamento sciocco, in questa città è un metodo molto usato la frase «Ma sei ancora lì, ma allora sveglia» per sminuire l'importanza di alcuni fatti ed esserne complici o fare favoreggiamento.

M «Tutta questa scena per non testimoniare poi…»

Laura «Io non testimonio, non mi presento»

M «Dovrai testimoniare, anche i tuoi dovranno testimoniare, sei andata con tuo padre da Fabrizio, l'amico del maresciallo che fa il cameriere in città alta a chiedere informazioni su di me»

Laura «I MIEI DEVONO RESTARNE FUORI!!!» urlando, poi calma il tono «il tuo amico… (riferito a Fabri)»

M «È amico di chi gli conviene, siccome oltre al cameriere fa l'agente immobiliare in nero e il maresciallo lo copre è più amico suo che mio»

Laura fa un'espressione dubbiosa, facendo finta che la cosa non la tocchi e dice «Mah, io ero andata lì con mio padre a chiedere quanto veniva (a costare) fare una festa di laurea, poi sono andata da un'altra parte che era più carino e mi costava di meno»

M «Sei andata a dire con tuo padre che ti sentivi perseguitata»

Laura «Mah, non mi ricordo»

M «Dovrai testimoniare, dovrai presentarti in tribunale, sai che hanno fatto sparire anche degli atti e cambiato il giudice?»

Laura «Non mi interessa, io non mi presenterò»

M «Dovrai presentarti per forza, non potrai non farlo»

Laura «Io non mi presento, dirò che non mi ricordo; sono egoista ed ho poca memoria» ride come se quelle parole fossero l'arringa del secolo.

M «Vedremo, ti chiameranno e dovrai presentarti»

Laura devia l'attenzione dal discorso urlando «MA COME TE LO DEVO DIRE CHE NON SONO INTERESSATA!» poi si mette a ridere tronfia. Sposta il discorso sul fatto che deve fumare, asserisce che è «un po' addicted alla sigaretta» mi guarda, «ma tu fumi?» la guardo, fa un sorrisetto, che pessimo tentativo di manipolazione.

M «No, adesso no, ho smesso da anni, quando mi hai conosciuto fumavo, mi dicevi che fumavo troppo» so che lo ricorda benissimo.

Laura «Vedi, io non so nemmeno se fumi»

Paga lei il conto del bar e usciamo, le parlo della questione Leyla (la cacciatrice di bambini) ed asserisce di non sapere nulla. Il dialogo pomeridiano del marzo duemilatredici durerà quasi tre ore, ma il sunto è che mi vuol far passare per idiota.

V

JULZ ALEGRA

> Non fare domande, e non ti
> saranno dette bugie.
> (George Bernard Shaw)

È primavera duemila-tredici, faccio amicizia con Juliana detta Julz, una ragazza peruviana a cui non piace molto questa città, la giusta persona per andare fuori da bergamo per fare qualche aperitivo e anche se uno dei cognomi è Lopez, di certo non è come la cantante J.Lo. Ma tanto non ci sono altri interessi oltre l'aperitivo, lavora alla Centax Telecom, è un po' manipolatrice, mi scrive quando è al lavoro e si annoia, le dico che forse dovrei trovarmi anch'io un lavoro come il suo, come secondo lavoro intendo, anzi terzo, oramai praticamente il mio lavoro è una continua indagine contro i corrotti in divisa e mi sta corrodendo. Loro vengono pagati dallo stato e delinquono mentre io indago a spese mie; quindi, come secondo lavoro faccio il consulente informatico, forse mi serve un terzo lavoro. Arriva l'estate, sono a cena con Julz e dei suoi colleghi.

Julz «Ciao Marc, ma senti, sai che in Centax è arrivata una nuova responsabile, sta cercando fidanzato, si chiama Laura, potremmo presentartela.»

M «Com'è? Carina, simpatica?»

Julz «Secondo me non ti perdi nulla»

Marco «Ok, lasciamo perdere, tanto io non ho voglia di fidanzarmi, poi in questa città…io me ne voglio andare da anni.»

Julz «Senti, la settimana prossima sono senza auto ed ho il turno di sera, mi passeresti a prendere per portarmi a casa?»

Marco «Ok, tanto la sera lavoro sempre al computer» Julz ha la fissazione di trovarmi una ragazza, è diventata una missione per lei, fa nulla, tanto non riuscirà nell'impresa.

Mentre continuo le indagini scopro casualmente che nell'aprile di quest'anno proprio dopo aver visto Laura ed averle raccontato della questione Elena/Leyla, le due hanno organizzato assieme le loro vacanze estive, ma dove? in Puglia; proprio in quella regione vive l'ex minorenne che mi ha fatto scoprire l'esistenza della cacciatrice di bambini. Provo a contattarlo e gli chiedo se l'ha vista, mi risponde un beffardo «Forse, ahahaha»; non ha capito la gravità della situazione;

Molto bene Laura, ti sei guadagnata una chance per un'imputazione di favoreggiamento in pedopornografia minorile, adescamento e tutto il resto.

Autunno inoltrato, questo ottobre mi appare mite, auto parcheggiata, due passi a Milano sud-ovest, stavolta niente: le *trottoir*; in direzione del masmas; sui navigli, la volta scorsa c'era una ragazza molto carina che faceva la promoter per la Martini, chissà se è ancora lì, mentre camminiamo Julz canta «*Tous les mêmes, tous le mêmes*», dal modo in cui la canta sembra che non capisca il significato della frase che sta cantando, vede che la guardo.

Julz «Marc, a te piace : *tous les mêmes?*»

M «Si, dai, non mi dispiace»

Julz «A me piace»

M «Sai cosa significa: *tous le mêmes?*»

Julz «Sai che non ho capito che significhi, tutti le *mêmes*»

M «Significa uguali»

Julz «In che senso?»

M «*Tous le mêmes* significa: "tutti uguali, o tutti gli stessi" presumo riferito agli uomini, dal video penso che il cantante sia gay. Se in francese ti dico: "*Pour moi ce la même chose*" significa: "Per me è la stessa cosa"»

Julz «Ah, ma dai, non lo sapevo, non sapevo fossi un francesista»

M «Nemmeno io, ho studiato francese alle medie inferiori e basta, non ero nemmeno bravo anzi, facevo di quegli errori…»

Julz «Ah, sì»

Julz «Ma senti, ma Marc, ma questa ragazza che fa gli account finti, che cosa è successo? sei sempre preoccupato»

M «Ho mandato a quel paese Frida, la escort di carabinieri e polizia. Questa poi con quella degli account finti (Laura), si sono messe a dire che io ho minacciato di morte Frida perché questa (Laura) non usciva con me»

Julz «Ma cosa c'entra? non ho capito, quella degli account finti dice che tu hai minacciato di morte la escort perché lei (inteso Laura) non usciva con te?»

M «Sí, ed anche un sacco di gente ha iniziato a dirlo per far capire di essere dalla parte della escort»

Julz «Ma che cosa c'entra? non ha senso!»

M «Sì, lo so che non ha senso, io lo so, tu lo sai, ogni persona sana di mente lo sa, ma quando la escort dei corrotti in divisa chiede una cosa, come cani, gli altri ubbidiscono»

Julz «Ma davvero Marc?!» fa un sorriso stupito

M «Sì, peraltro non capisco questa qui, non mi ha risposto più al telefono, dice che la perseguito e poi mi fa le richieste d'amicizia con account finti su Facebook, non ha senso se hai un ragazzo a meno che non sia tornata con quello e sia stata solo con lui»

Julz «Ma dai Marc, quanti ha?»

M «Adesso venticinque mi pare, quando l'ho conosciuta diciannove»

Julz «Ma dai Marc, venticinque anni é stata solo con un ragazzo, ma tu ci credi?» ride

M «Non hai capito, intendo, sta ancora con quello, io quando l'ho conosciuta, stava con uno, ma era stufa di lui, poi si è lasciata e rimessa assieme diverse volte; ma ci sta che, se sta con uno e gli interessa un altro, faccia degli account finti, chiedendomi l'amicizia. Ma voglio dire che, escludendo che sia malata di mente, ha senso che una ragazza già impegnata, segua con account finti un altro che le piace, ma solo se stai ancora con quel ragazzo. Non può essere che ti lasci con quello, ti metti con un altro, poi con un altro e fai account continui per chieder l'amicizia ad uno che vai in giro a diffamare, è una cosa che non può fare una persona, a meno che non sia malata di mente; quindi, ipotizzo che stia sempre con quello e non con altri»

Julz «Ma che storia Marc, ma tra te e lei cosa c'è stato?»

M «Eravamo amici, stavamo per uscire assieme, poi si sono messi di mezzo altri per fare un favore a Frida»

Julz Ride «Ma che storie, Marc e ti fa richieste con account finti?»

M «Sì, assurdo, ti ho fatto vedere alcuni degli account, ho gli screenshot, ma poi la cosa che mi fa star male, non è che lei stia o conviva con uno o con l'altro, è il casino in cui mi ha messo, sono arrabbiato, lei si fa la sua vita mentre a me impedisce di fare la mia, diffamandomi, non mi posso difendere, e, il fatto che lei nega che stavamo per uscire assieme, permette agli altri di attaccarmi, tutti collusi con i carabinieri corrotti, e, dice quello che fa comodo ai corrotti», continuo a pensare a quello che ha fatto, Laura ha proprio detto la cosa peggiore, quella che poteva danneggiarmi di più, le avrei voluto suggerire di dire una mezza bugia perché il suo ragazzo non sapesse che stavamo per uscire insieme, mi bastava che dicesse «Io e Marco siamo amici, Frida non deve dire cose non vere» avrei avuto la possibilità di fronteggiare la situazione, invece mi ha inflitto il peggior danno possibile. Penso spesso al fatto che, se Laura avesse inviato una mail a tutti gli stronzi collusi che propagavano la versione di Frida, avrei potuto contrattaccare e invece si è negata.

Julz «Marc, siamo arrivati, chiediamo se c'è posto»

Mi godo l'aperitivo e l'atmosfera meneghina, amo questa città, il duemilaquattordici è iniziato bene per me, facendo delle ricerche scopro che è arrivata in Italia la teoria polivagale del Dott. Porges. Si inizia a parlare di neurocezione e dell'importanza di questa, per me è un altro passo verso la guarigione.

Tempo dopo … una sera come tante al computer, messaggio su Facebook messenger, è la Julz.
Julz «Ciao Marc»
M «Ciao Julz, come stai?»
Julz «Bene, tu?»
Marco «Al solito…» le spiego che continuo a ricevere richieste di amicizia da account finti; chattiamo un po' mentre fa il turno serale in Centax, la vedo nei giorni successivi.
È il 02/01/2014, Julz mi scrive, mi chiede come va, le spiego al solito, auto rotta e lavoro non va bene, mi chiede

della tipa degli account finti, le mando il link del suo profilo, continuiamo a chattare e dopo un po' mi scrive «Ah, si chiama Laura» continuiamo la chat e ci accordiamo che ci vedremo per un'uscita a breve, di fatto ci rivedremo dopo oltre un mese, cosa strana.

È venerdì 28/03/2014, aspetto che Julz passi a prendermi, quando salgo in auto e mi dice che non ha voglia di andare a Milano, ma preferisce stare a bergamo, mi passa anche la voglia di uscire, mi appare strana la proposta di Julz, un paio di volte le avevo proposto di andare in un bel pub appena fuori bergamo a Gorle, si era agitata dicendo che non voleva andarci, la motivazione addotta è che ci passava spesso un suo ex, non avevo insistito. Peraltro, la verità è un'altra, nel weekend spesso ci lavorava Laura, ma io non ne ero a conoscenza.

Siamo in questo Bar vicino al nuovo ospedale di bergamo a prendere un drink, Julz è molto festosa stasera, continua a guardare il suo iPhone e continua a darmi il cinque, inizia ad andare in bagno ogni tre minuti, alla terza volta escludo che sia per il ciclo, poi escludo la cocaina, resta l'ipotesi che debba telefonare o messaggiare con qualcuno, ma perché me lo dovrebbe nascondere? ad un certo punto la mollo nel bar, la lascio ad un tavolo con un uomo da cui si è fatta offrire da bere, sono le 00:50 del 29/03/2014, mentre rincaso a piedi incontro Bonny, mi metto a fare due chiacchere con lui, nel mentre Julz mi telefona lamentandosi che l'ho abbandonata al bar. Mentre accade questo, Laura sta aprendo da uno dei suoi cellulari un account Facebook dal nome Sydney Lopez, alle h. 01:10 del 29/03/2014 le arriva sul suo Blackberry Procurve 9300 al suo indirizzo lau[omissis]13@hotmail.it, la mail per la conferma dell'apertura dell'account Sydney da parte del social. Laura conferma la richiesta, l'account viene però bloccato dal servizio antispam di Facebook. Nei giorni successivi pubblica su uno dei suoi account fasulli dal nome Antonella Caputo -------------- (https://www.facebook.com/antonella.caputo.566) la seguente frase: "Il non vederci ed il non sentirci non cambierà mai nulla, noi saremo sempre una cosa sola". La pubblicazione di quella frase è un ottimo spunto per me per metterla alle strette, ma fallisco, sospende quell'account a causa dei messaggi che le invio. Acquisisco però un'ottima informazione, in Puglia ha un suo amico e referente informatico che la aiutava nella gestione di questi account: l'Ingegnere Elettronico Luigi Chiarelli nato e residente in Puglia; non posso escludere che questo possa essere informato anche di altri fatti, tra cui quelli relativi a reati contro minori, vi è anche un altro: Albert Maggi, potrebbe però essere un account finto. Laura, quindi, è la responsabile di Julz in Centax Telecom, non capisco che casino sia successo, come sempre le donne hanno comportamenti per nulla logici, Julz era inoltre informata del fatto che per me è una delicata questione giudiziaria, mi scriverà in Facebook messenger lamentandosi che ha perso l'iPhone ed altro, perché l'ho abbandonata sola nel bar. Non usciremo più insieme. La informerò che ho scoperto che era in contatto con Laura.

VI

GOLE ROSSE PER DIVISE GRIGIE

> La corruzione è la moneta
> sovranazionale vigente
> (Hans-Horst Skupy)

Settembre duemilaquattordici,
Domenico, il mio ex collega di lavoro,
insiste che incarichi il suo avvocato,
Riva Federico. Continua con la
sviolinata che è un avvocato tosto, uno
che non si spaventa, continua a
ripetermi che lui ha avuto molti
problemi con la giustizia, iniziarono
quanto suo padre finanziere morì e lui
era adolescente, è stato anche legato
alla sacra corona unita, ha precedenti
di tipo mafioso, sostiene che il suo
avvocato è ottimo per le mie questioni

contro le divise corrotte. Mi presenta l'avv. Riva Federico del foro di bergamo, sono una famiglia di avvocati, ha l'ufficio proprio accanto alla sede della guardia di finanza, settore tributaria, tra poco separerà il suo studio da quello dei parenti, si sposterà in un ufficio presso la rotonda dei Mille. L'avv. Riva mi fa dei discorsi logorroici per spiegarmi che la prestazione dell'avvocato è una prestazione di servizio, non è garantito il risultato, di fatto non mi vuole dare il suo IBAN, vorrebbe i soldi in contanti; si rifiuta anche di farmi un preventivo, dopo il comportamento dell'avv. Bocci, non mi fido a pagare un avvocato in contanti. Mentre usciamo dall'ufficio dell'avvocato Riva, sito al civico cinque in via Partigiani, Domenico mi guarda dicendomi «ti voglio presentare dei miei amici finanzieri»

M «Hai degli amici finanzieri?»

Domenico «Tutti i miei parenti lavorano per lo stato: giudici, polizia, finanza, come ti ho fatto vedere a casa mia, mio padre era finanziere, solo io ho precedenti»

M «Ah, sì, mi ricordo della foto», mi mostrò una foto del padre finanziere in divisa.

Domenico «Mi hanno detto che gli serve un informatico perché hanno dei problemi al computer di casa, non quello dell'ufficio»

M «Ok, presentameli, nessun problema»

Fa una telefonata, gli dicono di entrare nell'ufficio, ci raggiungono appena dopo l'ingresso, dove vi è il posto di guardia, sono il Luogotenente Pietro [omissis] e il Maresciallo Giuseppe [omissis] detto Beppe, ci invitano a prendere un caffè, camminiamo in via dei partigiani, svoltiamo a destra in via Locatelli, procediamo verso le poste centrali di bergamo, quando siamo davanti al civico tre, Beppe saluta una persona seduta ad un tavolo all'esterno di un bar all'altezza del civico sette.

Beppe «Marco, hai visto che faccia che ha fatto vedendoti? ha sgranato gli occhi»

M «Chi?»

Beppe «Quello seduto al tavolo lo conosci? mi volto, svoltiamo in via Masone e poi entriamo un bar»

M «Sí, è l'avv. Tassetti, quelle con lui sono Adelina e Leonora le sorelle di Frida, ho denunciato lei e la sorella Adelina insieme a degli amici»

Pietro «Quattro caffè per favore, rivolgendosi al barista», intanto Beppe mi racconta che lui e Tassetti frequentano la stessa palestra.

Beppe «Hai denunciato Frida? La conosciamo, ha fatto da traduttrice per noi per un caso»

M «Frida, ha fatto da traduttrice per voi?» mi scappa un sorrisetto «In che senso traduttrice, dall'italiano all'albanese volete dire?»

Entrambi fanno un cenno affermativo con la testa, ma non proferiscono parola.

M «Forse per un caso di traffico di droga?», vorrei dire «Ha fatto arrestare qualche concorrente suo o dei cugini di Eduard?», ma sto zitto

Beppe «Marco, non si possono dare informazioni sulle attività dell'ufficio, sono cose riservate»

Pietro «Infatti, non si può parlare di indagini svolte dall'ufficio»

M «Ok, va bene, intendo, ho capito, ma come l'avete conosciuta?»

Pietro «Ce l'ha presentata un nostro collega»

Beppe «Ha detto che era una ragazza che fa la modella a Milano e che voleva darci una mano»

M «Nome del collega?»

Pietro «Anche questo non si può sapere» notano che anch'io mi sto trattenendo dal dire chi è Frida e sono piuttosto curiosi. Dopo il caffè ci incamminiamo verso l'ufficio di via Partigiani, Domenico ha parcheggiato l'auto in fondo alla via, arrivati davanti all'ufficio esce dall'ingresso un finanziere, alto circa un metro e settantacinque, calvo, circa cinquanta anni, magro, naso appuntito ed adunco, Beppe e Pietro lo salutano con un «Ciao» che sembra voler dire «Che cazzo hai combinato? ci hai venduti per una scopata!» sento dire un «È lui!», non sembravano volerlo comunicare a me, ma come se Pietro e Beppe volessero dirsi «È lui che ci ha fatto la cazzata», me lo presentano.

M «Piacere, Marco»

Finanziere «Piacere» non mi dice il suo nome, ha capito dal modo in cui lo guardano che qualcosa non va, si allontana a piedi dall'ufficio.

Beppe «Marco, se sei a conoscenza di qualcosa devi comunicarlo di modo che prendiamo i provvedimenti del caso»

Pietro «Sì, Marco, devi riferire»

M «Devo prima recuperare degli atti che continuano ad essere negati e che appaiono scomparsi anche dall'ufficio dell'avv. Bocci Annalisa (ndr, l'ha fatta sparire lei dal fascicolo), che si è data per impegnata alle ore diciotto del giorno precedente l'udienza avvenuta nel duemiladieci» (ndr, rif. udienza contro Frida, errore nel parlare, era due giorni prima). Annuiscono e poi mi salutano, ci dirigiamo verso l'auto di Domenico, mi riaccompagna a casa.

VII

L'INTEGRAZIONE NELLA COLLINA

C'è un'altra cosa nell'uomo che lo
rende superiore alle macchine: sa
vendersi da solo.
(Stanisław Jerzy Lec, Pensieri
spettinati, 1957)

Mi chiama Bruna, una mia amica, è la sorella di Ines. Bruna è originaria di Monza, vive da anni in provincia di bergamo, la sorella Ines vive in città alta da anni. Ines e Bruna sono differenti: infatti, la prima si è plasmata nel perfetto pensiero dell'omertà rossa e dei comportamenti che si possono definire favoreggiamento ed è inoltre la datrice di lavoro di Eli; Bruna è completamente diversa.

Bruna «Ciao Marco, sono Bruna, come stai?»

M «Ciao Bruna, bene, tu?»

Bruna «Devo chiederti una cosa per il computer» rispondo alle sue domande.

Bruna «Ti saluta Ines, è qui con me»

M «Passamela»

Bruna «Metto in viva voce»

M «Ok»

Ines «Ciao Marco, come stai, dimmi»

M «Ines, dimmi chi in città alta fornisce prestazioni sessuali al maresciallo in cambio di favori»

Ines «LASSA PERT, TI HO DETTO LASSA PERT!!!»

Bruna «INES!!!»

M «Ines, mi serve (intendo, mi serve saperlo)»

Ines ride «Ti ho detto: lassa pert»
M «Ciao Bruna, ho da fare»
Bruna «Ciao Marco»

Circa un mese dopo, alcune (poche) persone con cui sono in confidenza appena mi vedono, mi raccontano due episodi che riporto con le varie censure.

Il credito Blu Toscana:
Una nota pasticciera che chiamerò Barbara la bionda cerea, come molte donne ama fare shopping ed essendo conosciuta in città alta, passa, ogni fine mese a saldare gli acquisti nelle boutique. Accade un giorno che l'addetta di una boutique che denominerò toscana blu, si rivolge ad un certo Maresciallo, asserendo che Barbara non gli ha saldato trecento

euro; il maresciallo si reca dal marito di Barbara, gli chiede di dargli trecento euro che porterà lui alla signora di toscana blu. Barbara trasalisce di rabbia in quanto aveva saldato tutto, ma tiene la bocca chiusa.

La Comunione:
La figlia di un Maresciallo che si sente il conte di Cavour ha fatto la comunione, la festa è stata fatta nella pasticceria di Barbara la bionda cerea, non viene dato nessun acconto. Qualche giorno dopo il rinfresco, il Maresciallo si presenta in divisa presso la pasticceria e rivolgendosi a Barbara dice «Siamo a posto, [nome della moglie] ha saldato tutto», non un solo euro è stato versato, Barbara trasalisce di rabbia, ma ingoia, come racconterà «Cosa faccio? Me lo metto contro così

mi manda i NAS tutti i giorni a controllarmi?»

Nei giorni successivi incontrerò anche Ines, quando la vedrò avrò atteggiamenti ostili, mentre lei cerca di essere affettuosa, sorridendo ad occhi chiusi e dicendo «Ma, se sei scemo, ma perché fai così? lassa pert, ti ho detto lassa pert» poi, piega il corpo in avanti dicendo continuamente «Lassa pert, lassa pert, lassa pert, lassa pert», non rispondo e la filmo col cellulare.

Qualche settimana dopo quegli eventi devo salire in città alta, decido di andarci a piedi e mentre sto camminando in via tre armi vedo una Toyota Yaris che viene verso di me, accosta, scende, è Miri, mi fa piacere vederlo.

Miri «Ciao Marco, come stai?»

M «Ciao Miri, non mi lamento, ho scoperto che riparare computer di professione, non solo a pochi conoscenti, rende, …l'avessi saputo prima»

Miri «Ah, bene»

Parliamo un po' di varie cose, mi racconta di comuni amici o conoscenti che si sono sposati o hanno avuto figli.

M «Comunque con i carabinieri e con Laura ancora i soliti problemi, sai che fa continui account finti?»

Miri «Ma dai Marco, quanto tempo è passato? Ma lascia perdere»

Devio il discorso, se continuassi potrei dirgli «Anche tu come altri ti sei venduto per uno stipendio da cinquecento euro al mese» Non ho voglia di litigare, lo saluto e continuo per la mia strada.

VIII

STEFANO IL POLIZIOTTO

L'uomo superiore è in armonia con
gli altri, ma non servile e uniforme.
L'uomo da poco è servile e
uniforme, ma non in armonia con
gli altri (Confucio, Dialoghi)

Conosco Stefano M., un poliziotto di
origini napoletane, vive da anni a
bergamo, moglie e tre figli, mi propone
di far parte di un'associazione di
volontariato, accetto.
Dopo qualche tempo, una sera, sono in
via Broseta a fare due chiacchere con
Stefano.
M «Sai che dei miei amici conoscono di
vista quello che ha trovato il cadavere
di Yara, lo hanno trattato davvero di

merda, tenuto in cella senza poter nemmeno andare in bagno, inoltre, loro, intendo i miei amici, sono marito e moglie, sono convintissimi che Bossetti sia colpevole, secondo me è innocente»

Stefano «Ma Marco, ma si sa che Bossetti non centra nulla con Yara, ma siamo in Italia»

M «E lo lasciate in prigione, anche se sapete che è innocente»

Stefano «Siamo in Italia»

M «Effettivamente, calcolando quello che fanno i tuoi colleghi»

Stefano «Marco, ma io non ho ancora capito che è successo»

M «Sono spariti degli atti di dichiarazioni che avevo fatto in questura ed in procura»

Stefano si piega un po' avanti col busto, fa un sorriso ad occhi sgranati e dice: «cazz... ma, lo sai questa cosa che casino fa venire fuori? ma come lo sai?»

M «Ho fatto due denunce ed anche delle dichiarazioni, la sera prima del processo (era due sere prima) c'era solo una denuncia da parte mia e mancava tutto il resto, c'è di mezzo anche il tuo collega Fabrizi che stava all'anticrimine»

Stefano «Fabrizi non sta all'anticrimine, lo vuoi sapere meglio di me?»

M «Adesso sta alla scientifica, prima stava all'anticrimine»

Stefano «Tu come lo sai?»

M «Delle promozioni ne hanno anche parlato i giornali, comunque, si può dire che lo hanno promosso alla scientifica perché troppo bravo a far sparire le prove e a dare i permessi di soggiorno»

Stefano «Ma lui che centra con i permessi, non hanno preso lui»

M «Sono lui e il ciccione, quello con cui va in bici assieme (ndr, rif. Isp. Capo Marco Gelmini) che facevano avere i permessi di soggiorno alle troie, tu poi ce l'hai con Cester per cose tue, ma sono loro che gli facevano fare i permessi illegali»

Stefano «Tu come lo sai?»

M «Quando ho fatto la seconda denuncia contro Frida, la escort, Nessi mi ha accompagnato da Cester, e lui, tutto tranquillo, la stava prendendo (la denuncia), è entrato Gelmini il ciccione a tentare di non farmela fare, poi, quando mi hanno arrestato, le impronte me le ha prese Fabrizi ed è subito è salito Gelmini e poi il maresciallo della GDF di Chiavenna ha fatto sparire i miei documenti»

Stefano «Nessi, c'era ancora Nessi, ma di quanti anni fa parliamo? Nessi è in pensione; Cester poi lo hanno arrestato e dopo rilasciato»

M «Cester arrestato? Quando? Perché?»

Stefano M. «Marco, è sui giornali basta che cerchi in internet»

M «Aspetta che guardo, è vero, ma per i permessi di soggiorno»

Stefano M «Sì, per quelli, secondo me è colpevole»

M «No, lui li dava, ma non decideva lui, sono Gelmini e Fabrizi che gli chiedevano di farlo, lui è il braccio, ma non la mente, ma lo hanno buttato fuori dalla polizia?»

Stefano M «Lo hanno messo ai domiciliari e poi lo hanno reintegrato, è stato assolto»

Il discorso si sposta poi sulla questione della cacciatrice di bambini, Stefano mi dice che mi farà sporgere denuncia e di preparargli tutta la documentazione.
Passa un po' di tempo, ho copiato su una chiavetta i fatti sulla cacciatrice di bambini, li consegno a Stefano, inizialmente mi dice che non vi sono ostacoli per fare denuncia, me la redigerà lui, dopo qualche settimana di temporeggiamento il suo comportamento muta, glielo leggo in faccia, qualcuno gli ha impedito di farlo, sono certo che il motivo è perché il denunciante sono io, lui nega, dice che a mia tutela vuole fare una segnalazione anonima, prepara un

foglio con una ridicola esposizione anonima dei fatti, questo sarà il motivo di rottura dei nostri rapporti.

Alcune volte sono andato a Milano con Stefano, mi ha presentato dei suoi colleghi, al SAP di Milano sembra che tutti sappiano della sua inimicizia con Maurizio Cester, invio un'offerta per un pc fisso ad un suo collega del SAP, Davide Zini, mi serve che mi resti in memoria qualcosa di cronologico, mi arriva la conferma di lettura dell'e-mail inviata dall'agente Zini.

Stefano viene poi trasferito a Verona, non so i veri motivi, ma sono sicuro che un motivo ufficioso causa del trasferimento è legato anche alla mia persona; pur comportandosi al pari di certi suoi colleghi in modo censurabile, lui se ne è inimicati molti perché ha portato la mia questione nella questura di bergamo. Inoltre, non escludo che abbiano anche coinciso qualche sua visita al prefetto con la rimozione del questore, ma non è argomento di mio interesse.

Al ministero di grazia e giustizia scriverò queste parole su Stefano: "Nonostante lo scrivente abbia contestato verbalmente quella che appare un'omessa denuncia da parte dell'ispettore [Stefano] e che questo sia stato trasferito a Verona a causa del suo usuale comportamento che non rappresenta nel modo migliore la Polizia di Stato, non si può escludere che [Stefano] abbia avuto pressioni da colleghi per non depositare quella denuncia, in quanto questi dovevano e devono evitare che lo scrivente venga considerato reperibile ed un testimone attendibile avanti la magistratura.

IX

ANDREW SHORTS

> Occorre usare spie per ottenere
> informazioni utili sui nemici.
> (Sun Tzu)

Chiamata in arrivo, è Andrew Shorts, il cuoco.

Andrew «Ciao Marchetto, come stai? Stai lavorando?»

M «Come sempre»

Andrew «Senti, mi serve un passaggio, riesci, dai che poi ceniamo assieme, offro io (dal tono sembra quasi che a dargli dei passaggi sia lui a fare un favore a me)»

M «Ok, volentieri»

Andrew «Ok, vieni a prendermi al ......»

M «Ok, dai arrivo, oramai è sera»

Andrew «Sì, dai, tra quanto arrivi?»

M «Mezz'ora»

Andrew «Ok, ti aspetto»

Arrivo nella provincia, qui vicino ci sono delle terme, non conosco la zona, eccolo.

M «Ciao Andrew, Sali»

Andrew «Come stai marchetto, dai che andiamo a mangiare (parla un misto tra italiano e bergamasco)»

M «Ok, senti Andrew, mi servirebbe avere delle info»

Andrew «Dimmi tutto, Marchetto»

M «Tu fai uso di coca, giusto?!»

Andrew «Sì, te l'ho detto, ho iniziato a sedici anni, forse quattordici adesso ne ho quaranta»

M «Ok, mi hanno detto che uno che conosco ha delle cose losche ed è dovuto alla coca»

Andrew «In che senso?»

M «Mi dicevano…guarda che fa l'amico con te, ma ha interessi con i carabinieri e non viene a testimoniare»

Andrew «È quella situazione di cui mi parlavi, di quella che hai denunciato?»

M «Sì, la escort come si dice adesso, ma sarebbe più opportuno chiamarla corruttrice sessuale, fa la puttana non per soldi, di fatto, i corrotti, li ha o li aveva sul libro paga e li pagava a scopate dal casino che hanno fatto per proteggerla»

Andrew «Ok, e cosa vuoi sapere? io non la conosco!»

M «Ma, non su di lei, sul tipo che ha il bar dove questa lavorava per finta, che si dichiarava uno dei miei migliori amici, mi hanno detto in molti che fa uso di coca e che c'è anche dietro altro con i carabinieri, insomma che spaccia»

Andrew «Ok, dove ha il bar?»

M «In colle aperto»

Andrew «Marchetto cosa dici? in colle aperto c'è solo la Marianna, [omissis], ma sai la strada?»

M «No, seguo la strada, dimmi tu quando girare»

Andrew «Ok, ti dico io, ecco lì siamo arrivati»

M «Ok, mi dici le info?»

Andrew «Non ci sono altri bar in colle aperto, marchetto!»

M «Ma sì, ci andavo tutti i giorni, è un bar piccolo»

Andrew «Il bar prima dei carabinieri?» spalanca gli occhi

M «Sì, esatto»

Andrew «Tipo magro col pizzetto?» mi fissa mentre lo dice.

M «Sì, un po' di pizzetto lo ha», lo guardo stupito dalla sua espressione.

Andrew «Ahahaha, sì marchetto ho capito chi è, è vent'anni anche più che è in giro, saranno trenta, anzi, prima era della zona della val Brembana, ahahaha, ti credevo un bravo ragazzo, invece chi frequenti?! Ahahaha», non mi aspettavo scoppiasse in questa fragorosa risata, lo guardo in silenzio e poi torno a guardare la strada.

M «Non so di che zone fosse di preciso, so che la tipa che aveva il B&B sotto casa mia, amica del maresciallo diceva che era delle sue parti e lei é di sant'Omobono»

Andrew «Ahahaha, so benissimo chi è, andava da lui anche un cavallino che conosco (intende uno che la consegna conto terzi)» smette di ridere «Dai scendiamo, non hai fame?»

M «Sì, ho fame, ho sempre la fame nervosa»

Andrew «Dai, entriamo» si mette a salutare i gestori cinesi, li conosce «Ti va bene buffet, *all you can eat?*»

M «Ok, dai, sì, mi piace all you can eat, buffet poi è più comodo»

Andrew «Mangia marchetto, mangia, beviamo del vino?»

M «Sì, grazie»

Andrew «Ok, ordino io, quello della casa va ti va bene, facciamo mezzo litro?»

M «Sì, ok»

Andrew ordina il vino

M «Mi dici quello che mi serve?»

Andrew «Marchetto devi andare ad almenno, a chiedere del Baretto, no, anzi, cosa sono dietro a dire, a villa»

M «A villa? Sarebbe dove?»

Andrew «A villa d'almè, è vicino ai carabinieri, dove c'è la caserma di villa d'alme»

M «Ma, quindi, è vero che spaccia non ne fa solo uso»

Andrew «Ma sì, te l'ho detto è trent'anni che è in giro, hai capito cosa ti ho detto? Dai che non sono un infame»

M «Si, ok, intendevi è trent'anni in giro che spaccia»

Andrew «Bravo Marchetto, dai bevi, mangia, mangia»

Dopo la cena lo lascio alla destinazione e me ne torno a casa, un altro pezzo del puzzle è acquisito.

Qualche mese dopo mentre gli sto dando un altro passaggio mi fermerà una pattuglia dei carabinieri per un controllo e mi perquisirà tutto il veicolo perché ho lui come passeggero.

X

FEDELI PASTORI BERGAMASCHI

Ogni uomo ha il suo prezzo,
ma molti fanno degli sconti.
(Ismet Ferhat)

È dicembre duemilatredici, mi arriva una chiamata da Fabrizio detto Fabri, mi chiede come sto.

Fabri «Hai saputo che Nicola è morto?»

M «No, non lo sapevo»

Fabri «Sì, viveva in cantina, è morto per cirrosi fulminante»

Penso che la "cirrosi fulminante" sia dovuta a troppi colpi al fegato ed ai reni; rispondo «Non lo sapevo» e ripenso al fatto che è morto anche Gigi improvvisamente malato, intendo l'ex di Frida, non è causale che Fabri mi chiami per dirmelo.

Fabrizio devia il discorso dicendo che mi chiamerà nei prossimi giorni perché ha un problema al computer, accetto, gli chiedo di farlo dopo Capodanno; appena termina la conversazione vado al computer ad acquistare un altro telefono, questo di ora, un NGM registra le chiamate in modo pessimo. Ho pochi giorni prima che richiami, non credo che mi abbia chiamato per il PC, sta tentando di riallacciare i rapporti per avere informazioni su di me, devo fare il triplo gioco, come sempre. Potrei riassumere il significato della chiamata di Fabri la con l'espressione: "A bergamo non si dice, ma si dice", infatti qui non si dice: "stai attento che finisci male, hai saputo che è morto? vedi? un testimone morto, non è meglio che lasci perdere? dai vieni dal maresciallo a dirgli che lasci perdere, ti accompagno io, potresti fare una brutta fine se non lasci perdere e nessuno indagherà". Sono stato al gioco.

È il 03/01/2014, ho una cena con i miei coinquilini, Fabri chiama [Fabri]_[+39-omissis] _21-28-41_03-01-2014, mi dirigo in camera mia, non vorrei saltare quella cena, ma posso ottenere informazioni importanti, a mio parere, non mi sta chiamando senza un secondo fine. Sono le nove di sera, gli entro nel computer con un programma per l'assistenza remota con un codice che mi fornisce Fabrizio.

[M 00:46] «Allora vediamo quanta memoria adesso; Allora, peraltro adesso che i carabinieri di… sono indagati è un gran casino in città alta»

[Fabri 00:50] «Perché?»

[M 00:51] «Eh beh, perché? di chi era la zona del vecchio ospedale. Eh, tu hai presente quando c'è stata la denuncia con Nicola?»

[Fabri 1 01:06] «Sì»

[M 01:07] «Sai che hanno fatto l'omissione dati d'ufficio? Non mi hanno notificato, la cosa (la denuncia di Nicola), ed erano in obbligo di notificarmela, ...se io ti do un pugno in faccia...»

[Fabri 01:15] «Ho capito, ho capito e quindi è (hai) proceduto... hai…»

[M 01:19] «Però, sto aspettando, adesso devo andare a vedere. Però voglio dir…, è andata di culo che… Hai letto l'articolo sul giornale?»

[Fabri] «No»

[M] «Adesso te lo invio, te lo trasferisco, che tanto devo trasferire il file per recuperarti la rubrica Nokia. E ora, in poche parole…»

[Fabri 01:36] «Ma, più che altro, volevo chiederti se io ti collego il l'iPhone? Non riusciamo a fare un…sull'iTunes. Un non so una rubrica, perché il Nokia è vecchio e tu calcola che me l'hai fatto anni fa, sai che m'ha… t'ho detto che me l'han rubato, no? Il giorno di Natale tanto per cambiare, Eh?»

[M 02:00] «No, non me l'avevi detto che…, cioè mi hai detto che t'han rubato, ma non mi hai detto quando…»

[Fabri 02:04] «Il giorno di Natale. Perché mio padre, la ricovero…» spiega i problemi di salute del padre e parliamo dei problemi del suo computer, poi, dopo un paio di minuti, dirigo la conversazione dove mi interessa.

[M 04:23] «Vabbè, comunque, invece ci sono i carabinieri, ti sto dicendo indagati per, per vari reati, tra cui il favoreggiamento dello spaccio di stupefacenti. Voglio dire, questa non è una novità, potresti entrare nella Cittadella dicendo, Ah, m'ha detto il Porcaro che qui c'è la coca buona»

[Fabri 04:37] «Eheheh, scem–, eheheh» (ride)…

[M 04:40] «Vero? Oppure vado da Tony il parrucchiere dei carabinieri e gli dico che…che… Sono venuto a fare un taglio, no, non sono venuto per un taglio (di capelli), io vorrei… ho un problema… di respirazione alle narici. So che il maresciallo passa di qui a farsi dare un taglio. Io devo dare un taglio alla depressione» rido mentre lo dico, spero che la provocazione funzioni, Fabri ride anche lui di gusto «Vabbè comunque adesso dai che (ti) passo (l'articolo di giornale) … spero che ti piaccia, anche l'articolo, guarda che è divertente» gli trasferisco il file tra due computer e mi chiede cos'è la schermata di trasferimento che vede in quanto non sa cosa sia. La chiamata continua Fabri non torna sul discorso, nel frattempo gli sto pulendo il computer da files inutili. Fabrizio mi chiede del mio lavoro, gli spiego che ho qualche problema con i pagamenti, ma nessuno reclama sul quanto eseguito.

[M 07:48] «…Però, solitamente qua faccio il tecnico informatico per conto mio. Ho chiuso quella vecchia (p.iva), ho riaperto un'altra. Però, sai, ho determinati problemi appunto col maresciallo Porcaro, nel senso che la questione non è finita, m'hanno fatto una…, dovevano farmi una notifica, i carabinieri e m'hanno chiamato, m'hanno leccato il culo: "perché lei?... Ma lei dov'è che abita?... Se vuole gliela portiamo noi a casa", come mi stessero portando la pizza. "Ci dica dove abita…" — "Io non posso dirgli dove abito. Per questioni con i carabinieri, basta".

La notifica, me l'hanno fatta il trenta, il trenta novembre, no il trenta ottobre. Esco, mi sono presentato l'anno scorso, trenta ottobre. Ah, e mi sono presentato alla direzione provinciale, gli ho detto "Ah vabbè, io pensavo fossi stato chiamato come persona informata sui fatti in relazione all'articolo di giornale di ieri" — "che articolo?" — "quello dei carabinieri arrestati" — "nessuno è stato arrestato" — "quello dei carabinieri indagati"; è stato Porcaro che mi doveva chiamare (intendo che doveva farmi la notifica la sua caserma)»;

[Fabri] «Ah, ehm, certo»

[M] «Sai che l'ultima volta…, ma a parte che… te l'han detto tanto li conosci tutti? Cioè…quando»

[Fabri 09:14] «No, no, no, non m'ha detto niente nessuno di … davvero, proprio niente, nessuno, perché non ho più parlato, con nessuno di loro»

[M 09:21] «Eh beh, ma sai che la Masper…eh, ha avuto… ha sempre informazioni riservate, comunque…»

[Fabri 09:25] «Chi è la Masper?»

[M 09:27] «La Masper, Sara, quella che è…»

[Fabri 09:31] «Ah, la Sara, eh, ma non vedo più nessun periodo che… con la storia di mio padre, così (il padre è malato) non sono..., sarà una vita che non vado neanche più al cittadella»

[M 09:39] «Sì, vabbè, comunque, te lo ricordi (era lui il mediatore in nero) l'appartamento che aveva lei? No? quello affittato sotto casa mia, dove abitavo io prima»

[Fabri 09:46] «Dove abitavi...»,

[M 09:48] «Cioè quello con bagno e cucina comunicanti, quello del Bed and...Breakfast, lo sai che non te lo possono passare, un bed and breakfast col bagno comunicante con la cucina»

[Fabri 09:55] «Ah, non lo sapevo questo (lo sa benissimo, mente)»

[M 09:56] «Eh sì, no no. Io conosco anche persone che hanno anche B&B; infatti, tutti dicono che bergamo è carissima e alla fine gliel'ha fatto passare (il B&B con bagno e cucina comunicante) per le sue conoscenze. Comunque, tornando all'articolo che ora ti passo… Mah, in poche parole, la loro vecchia zona (dei carabinieri di città alta) era quella dell'ospedale, dai, cioè la loro zona del vecchio ospedale»

Sto tentando di fargli capire che a mio parere Gigi e Nicola sono morti in modo innaturale, ma quando ci sono divise sporche colluse con dipendenti degli ospedali e c'è stata anche un'indagine con tanto di articoli sui giornali… voglio vedere se riesco ad ottenere informazioni.

[Fabri 10:18] «Sì»

[M 10:18] «Secondo me sì. In poche parole, a raccogliere informazioni e darle alle agenzie private» intendo divise sporche ed infermieri che raccoglievano e vendevano informazioni ad agenzie che si occupavano di incidenti stradali

[Fabri 10:23] «Ah»

[M 10:24] «Cioè, calcola che a Seriate, c'è stata una che ha fatto un incidente e il giorno dopo è rientrata a casa ingessata e l'hanno chiamata. Un'agenzia che faceva recupero… (richiesta danni da incidenti stradali)»

[Fabri 10:37] «Adesso sei (inteso sei connesso in remoto al mio computer) … è uscito con il codice, cos'è [nome di un programma]»

[M 10:43] «(Il software serve) Per disinstallare i programmi, Fabri, se non si disinstallano. Questo (inteso articolo) è quello dei Carabinieri, ti faccio leggere e, poi ho anche i documenti. E, comunque, ti volevo dire. In poche parole, adesso hanno avuto abuso d'ufficio. Che poi quando (i giornali) hanno detto: utilizzo della macchina per scopi privati, non è solo per caso, si va a fare la spesa, sempre che cazzo vuoi che fanno? Cioè, no, a me sembra un po' come quando senti dire che a Mediaset alcuni produttori si scopavano le veline. Cazzo, cioè il maresciallo Porcaro. Ma poi aspetta, guarda cos'è che mi sono segnato… corruzione»

[Fabri 11:21] «Cos'è che m'hai mandato, ventuno militari, Carabinieri (ha aperto il file)»

[M 11:23] «Sì, sì, e adesso te ne mando anche un altro. Ventuno carabinieri indagati»

[Fabri 11:28] «Ah, adesso l'ho visto qua. Ma come? Come titolo, non come, come lo scarico? Sì, sì.»

[M 11:32] «Sì, no, ma adesso lo sto scaricando. Poi l'ho come tu lo apri [incomprensibile]Purtroppo, l'articolo completo delle altre due pagine ce l'ho su... Ce l'ho sul giornale vero (inteso in cartaceo non digitale). Ma, notare la cosa assurda. Cioè, quando hanno messo. Cos'è che facevano? Aspetta (inteso quale erano le imputazioni) Omessa denuncia. Figa con tutte le volte che vado in questura a dirgli: "Ah, il maresciallo m'ha minacciato; quell'altro m'ha minacciato; sono stato minacciato di qui, sono stato minacciato di lì" — (ed intendo mi hanno risposto) "tu questo non devi, tu queste cose non le puoi dire", [incomprensibile], oppure vabbè la rivelazione del segreto d'ufficio. Voglio dire, se facesse il controllo di ogni volta che uno accede al CED, tu calcola che io per fortuna abito con altre persone perché sennò come cazzo fai a lavorare? Dato che non posso intestarmi una ADSL che poi mi ritrovo col Porcaro (maresciallo) sotto casa che passa con la pattuglia a farsi i cazzi miei? E però guarda che bella (situazione) che c'è, c'è un vero casino adesso, perché questi qui li hanno messi proprio a guadagnare soldi. Cioè, in poche parole anche delle agenzie investigative venivano, andavano da loro. Che cazzo è qua? Vedi? (è apparso sul suo schermo la richiesta di passare da antivirus gratuito a pagamento)»

[Fabri 12:50] «Ho visto»

[M 12:53] «Vabbè, questo se vuoi comprare proprio a pagamento (l'antivirus). E quindi vabbè, concorso in spaccio è una cosa che mi vien da ridere, quella lì. C'è poi questo qui che mi teneva …, che mi teneva Frida lì a lavorare (inteso a lavorare nel bar accanto ai carabinieri). Cose ridicole, a volte, boh. Vabbè comunque quindi tu non li hai più sentiti questi stronzi, cioè non…»

[Fabri 13:00] «È Dario (il carabiniere), sentito a parte, che viene lì a bere il caffè ogni tanto, ma poi non veniva più perché aveva avuto una discussione con la figa (una ragazza) che aveva fatto pagare qualcosa». Fabri sta deviando il discorso, io tento di farlo rientrare negli argomenti di mio interesse.

[M 13:13] «Anche perché voglio dire, guarda che in città alta quando succede qualcosa…»

La lunga chiamata continua con discorsi generici, finisco l'assistenza remota sul suo computer e lo saluto.

Dopo quella chiamata Fabrizio mi chiama una volta a settimana, mi ha fatto una chiamata da quarantaquattro minuti, abbiamo parlato un po' di tutto, tasse universitarie, fitness, alimentazione, discorsi a ruota libera, della morte di Nicola Cherchi e di Gigi di Marco, è aprile duemilaquattordici, mi fa un'altra chiamata, sono le quindici e trenta, deve aver finito il turno in Marianna (la pasticceria dove lavora) alle quattordici ed è tornato a casa, si sarà fatto una doccia e mi ha fatto la chiamata, anche questa chiamata dura quasi un'ora, oggi ho tempo di stare al suo doppiogioco e fare il triplo, arriva la domanda che mi aspettavo:

Fabri «Marco, ma tu dove abiti adesso?»

M «Perché vuoi saperlo, per dirlo al maresciallo Porcaro?»

Fabri «Ma dai, ma perché fai così?»

M «Giurami sulla vita dei tuoi figli che non lo fai per dirlo al Maresciallo Porcaro»

Fabri «Ma, no, chiedevo così»

M «Va bene, ma tu intanto giuramelo sulla vita dei tuoi figli»

Fabri «Ma dai, ma perché fai così, dai dimmelo che poi io…»

M «Ciao Fabri» chiudo la chiamata

Fabrizio è un esempio del fatto che il clientelismo non è gratuito, se gli facessero un controllo fiscale emergerebbero i suoi lavori in nero e gli si potrebbe dire, lei come fa ad avere uno stipendio di mille-duecento euro ed a spenderne tremila ogni mese?

Febbraio duemilaquattordici, Annagiulia, una mia amica, resta da me per qualche giorno, invita dei suoi amici a trovarla e mi ritrovo anche Johnny l'argentino, non sono rimasto in buoni rapporti, tempo fa gli avevo prestato un cellulare ed un condizionatore Philips e quando gli ho chiesto di restituirmeli, mi ha risposto con prepotenza che se li teneva lui, poi al mio insistere con autorevolezza disse «Io vado dal maresciallo, cosa fai te dopo?», un ennesimo cane che scodinzola, nei giorni successivi mi chiamerà come se fossimo amici ed io starò al gioco. Annagiulia mi presenta un suo amico, Bonny, sembra simpatico, anche se un po' approfittatore.

È maggio duemilaquattordici, stiamo organizzando una cena con i miei coinquilini, mi arriva una chiamata con il numero privato, rispondo:

M «Pronto?»

Jonathan «Pronto, ciao marchi, sono il Johnny, come stai?»

M «Ciao Johnny, come mai mi chiami con il numero privato?»

Jonathan «Eh, ehm, ma senti marchii, ma tu…»

M «Sì?»

Jonathan «Abiti ancora lì?»

M «Sì, ma perché?»

Jonathan «ABITI ANCORA LÍ?» sta urlando e mi sembra sia in vivavoce

M «Sì Johnny?» continuo a rispondere calmo

Jonathan «ABITI ANCORA LÍ, EH, ABITI ANCORA LÍ, ABITI ANCORA LÍ?»

M «Sì, grazie Johnny coi carabinieri, ti chiamerò Fabrizio due»

Jonathan «No, marchi, mi offendo»

M «Offenditi» non dice nulla «Ciao Johnny» chiudo la chiamata, sorrido, altra chiamata registrata ed un'altra freccia al mio arco, ma non riesco a comprendere perché abbia chiamato col numero privato, improvvisamente mi viene in mente, chi è che ha il numero privato impostato di default? La linea fissa del caffè cittadella, quindi Johnny stava esibendo un atto di sottomissione e clientelismo mafioso, ma cosa gli hanno dato in cambio? Faccio due ricerche, presto ho la risposta, per farsi i cazzi degli altri c'è sempre Facebook, Jonathan Guadagnin, alias Johnny è ancora tra i miei amici in quel social, è fidanzato con Vania, una ragazza che lavorava nel ristorante argentino dove lavoravo anche io come barman la sera e dove grazie alla magistratura rossa sono finito in condizioni di sfruttamento, clicco sul profilo di Vania e cosa vedo? Cameriera presso Caffè cittadella in città alta. Penso che Johnny nonostante sia nato in argentina a tutti gli effetti possa ritenersi un bergamasco DOCG, perfettamente allineato all'omertà rossa, prima mi ha venduto il pastore bergamasco, ora quello argentino. Posso anche scordarmi di fare l'università per ora, ho questa spada che mi pende ancora sulla testa.

XI

COPIE ATTI DA CLAUDIO

La pazienza è un amuleto
per la vita.
(Proverbio africano)

L'avv. Martinoli non ha voluto fornirmi le copie del procedimento, mi ha solo detto che sono sei faldoni da circa duemila pagine cadauno, quindi circa dodicimila pagine. Ho pensato che, se gli avessi dato i soldi per le copie avrebbe chiesto a qualche collega di passargliele e non sarebbe andata a chiederle in procura; una delle assurdità della legge italiana, ti imputano, ma devi pagare per avere le copie degli atti per difenderti, hai solo un'informativa relativamente al teorema accusatorio.

Scrivo a Claudio, il mio ex cliente di Brescia, è l'unico di cui mi fido in questa situazione, mi passa tutte le copie, è giugno duemilaquattordici inizio a leggere gli interrogatori di garanzia:

-- Interrogatorio Garanzia di Claudio 20/03/2012 --

[Claudio] «Ma guardi che nemmeno [Alberto] è un concessionario, nemmeno il [Marco]. Hanno un ufficio, ma questo non vuol dire che non siano persone corrette e che non svolgano il loro lavoro come deve essere fatto.»

M.llo ENA «Il [Marco] lei mi dice è un intermediario, su questo posso essere d'accordo come non posso essere d'accordo, io conosco il [Marco]»

[Claudio] «Il [Marco] conosce le vetture molto bene»

M.llo ENA «Diciamo che conosce le vetture»

[Claudio] «Sa comunque il fatto suo, anche se è un ragazzo giovane, è un ragazzo molto sveglio e molto veloce»

M.llo ENA «Sentiremo anche il [Marco] e quindi vedremo un po'»

PM «[Marco] già ne ha parlato e gli atti già ne davano atto della partecipazione a questo giro anche di [Claudio]. Allora, io sto esaminando i singoli indagati, ci siamo fermati alla [omissis] motor e l'abbiamo vista. Continuiamo con le concessionarie»

Non dicono altro su di me, penso alla dichiarazione del M.llo Ena «Diciamo che conosce le vetture» dovrebbe domandarsi lui cosa farebbe nella vita se non fosse in uno stato corrotto ed indossasse la divisa, dubito che troverebbe un qualsiasi lavoro.

--- Interrogatorio di Alberto del 5 aprile 2013 ---

cerco le parti in cui parla di me ed arrivo a pag. 151,

Indagato [Alberto] «Posso replicare a cosa ha letto finora?»

Dr.ssa Antonelli «C'è anche qualcosa sulla...»

Indagato [Alberto] «Va beh replico un attimo per quanto riguarda quello che ha letto finora. Allora il [Claudio] certamente avrà detto che io ho consegnato delle auto a lui, tant'è vero che lo dice, ovviamente con la [omissis], nulla da dire»

Dr.ssa Antonelli «E con la [ditta di Marco]?»

Indagato [Alberto] «Ma io con [Marco] non ho nulla...»

Dr.ssa Antonelli «Lo ha detto lui»

Indagato [Alberto] «Ma perdoni»

Dr.ssa Antonelli «Con quali società trattava [Alberto] con lei? Con [omissis (società di Alberto)] o con ditta [omissis], di Marco [cognome]».

Indagato [Alberto] «La dissertazione ha una logica non corretta perché? Perché chi paga le macchine si assume un certo rischio. Allora io mi faccio la domanda: lei, visto che giustamente sa che sono in difficoltà, darebbe mai del denaro a me? Non credo, lei sa che sono in difficoltà il denaro non te lo do, giusto? A chi lo do, se io so di fidarmi? Ad una persona di fiducia. A chi lo do?»

M.llo Ena «Va dal concessionario ufficiale e compra la macchina»

Indagato [Alberto] «Vede che non mi sta capendo. Allora torno a dire: qui ci sono tre soggetti identificati dalla Dottoressa, l'[Alberto] che non è affidabile, il [Marco]...»

Dr.ssa Antonelli «Non l'ha detto nessuno che non è affidabile»

Indagato [Alberto] «Lui lo sa, lo sa perfettamente che l'[omissis, nome di società], l'ha appena detto, lei non era diventato affidabile, è uscito dal mercato»

M.llo Ena «Beh chiaramente...»

Indagato [Alberto] «No me l'ha detto lei e io l'ho acquisito come certo perché è la realtà»

Dr.ssa Antonelli «No, la domanda che è stata posta è questa: perché ad un certo punto [omissis, nome di società] cominciava a perdere di...»

Indagato [Alberto] «Perché non era affidabile»

Dr.ssa Antonelli «Ha risposto lei. Perché non era affidabile»

M.llo ENA «L'ha detto lei che non era affidabile, non l'ho detto io»

Indagato [Alberto] «E lei mi ha detto: di fatto nel 2009, nel 2010 di fatto è uscita dal mercato perché non era più affidabile, e lo continuo a dire. Allora chiedo io questo: lei, voi tutti qua, dareste mai del denaro ad una persona che non è affidabile? Non credo. Allora penso io: se il [Marco] fosse azienda che io gestisco evidentemente, l'[Alberto] farà di tutto per poter prendere del denaro, portarlo nella cassa [Marco], per poi poter utilizzare. Perché non provate a pensare magari che questo può essere un discorso contrario?»

Dr.ssa Antonelli «Perché ha trovato [Marco] sulla sua strada che, nelle sue tasche, non faceva mettere le mani a nessuno. Perché lui è talmente preciso che tutto quello che entra è registrato, da vero contabile, e tutto quello che esce è altresì registrato»

Indagato [Alberto] «Allora io cosa c'entro perdoni, visto che sono amministratore di fatto, visto che voi dite che io sono amministratore di fatto potrei anche dire: [Marco], ma butta via la contabilità, [Marco] tutto il denaro che hai portamelo a me, non è così invece, perché [Marco] il denaro lo tiene sempre lui in mano, perché? Perché non prende ordini dall'[Alberto], perché è logico, perché il denaro parte dal basso e va verso l'alto. E quando si ferma in mezzo ad un Azienda che si chiama [Marco]

qualcuno in basso ha la certezza che qualcuno in mezzo se lo tiene stretto.»
Non dicono altro su di me; "Uno che non molla", "si segna tutto". Sorrido, non si esclude che la dott.ssa Antonelli debba pentirsi di quello che ha detto su di me, dato lo sputtanamento che potrebbe avvenire. Rileggo anche la trascrizione del mio interrogatorio, mi accorgo che manca qualcosa, inizio a pensare che l'omissione sia la regola, manca una parte, durante l'interrogatorio il P.M. Antonelli mi ha detto «lei è tutto fuorché scemo» ed anche un «Ma tu, avevi capito tutto?» non è un reato censurare o non registrare alcune parti di un interrogatorio?
Inoltre sono stato intercettato per due mesi, marzo ed aprile duemiladieci, hanno messo nell'informativa di

arresto anche dei miei messaggi con un direttore di banca, ma tra quei messaggi c'era una chiamata in cui lui mi diceva che «Era uscita la finanza» ed io gli avevo detto «Meglio, meglio», hanno omesso la chiamata, ne hanno omessa anche un'altra, mi ha chiamato un cliente, Massimo, a cui avevo venduto una Jaguar, nella chiamata che mi ascolto parlavamo del fatto che Alberto mi aveva fregato e Massimo mi racconta che ha anche fregato Manuela, la mia cliente di Castiglione delle Stiviere (MN). Hanno omesso una chiamata che provava che non vi era nessun reato associativo tra me ed i miei clienti con Alberto ed altri e poi c'è la questione delle porcate fatte all'azienda di Mandello del Lario: troppe anomalie, prendo appunti e mi riposo un po'.

XII

INFORMAZIONI DA GIORGIO

> Esistono uomini che prosperano
> in modo eccellente con scaltre
> menzogne di fronte a sé stessi e al
> mondo.
> (Karl Jaspers)

Sono in via Quarenghi a prendermi un caffè con Giorgio, un mio amico, stiamo parlando della mia insonnia, mi suggerisce di acquistare una smart band per il fitness, è utile a monitorare anche il sonno. Mi chiede perché sono sempre preoccupato, gli ho già accennato più volte la situazione, gli spiego che non sono preoccupato per l'imputazione della frode fiscale, ma per la questione Frida.

M «Ho denunciato questa che è la don Rodrigo in gonnella e quindi mi perseguitano»

Giorgio «E tu sei l'innominato in questa situazione» ride.

Rido anch'io e rispondo «Non avevo pensato a questo»

Giorgio «Hai tutta la documentazione del fascicolo?» si riferisce all'imputazione per frode.

M «Sì, me la sono fatta dare da Claudio, un mio cliente a cui vendevo auto»

Giorgio «Chiamami quando sei a casa così mi spieghi»

Circa un'ora dopo

M «Ciao Giorgio, ci sono»

Giorgio «Ok, allora dimmi, per quale motivo ti hanno arrestato?»

M «Le imputazioni sono: associazione a delinquere finalizzata alla frode fiscale, reato transnazionale…»

Giorgio mi interrompe «Marco, non ti ho chiesto le imputazioni, ma il motivo per cui ti hanno arrestato, l'imputazione è un'altra cosa, vuoi cercare e ci sentiamo dopo?»

M «Ah, ho capito, l'informativa dell'arresto»

Giorgio «Sì, la hai a portata di mano?»

M «No, comunque mi ricordo tutto: Conclamato spessore criminale, fondi all'estero, conoscenze all'estero»

Giorgio «Ok, conclamato spessore, quante condanne hai?»

M «Nessuna, sono incensurato»

Giorgio «Ma dai Marco, ma me lo puoi dire»

M «Giorgio, scommettiamo quello che vuoi, sono incensurato»

Giorgio «Ti credo, ti credo, se me lo dici così, quindi non potevano nemmeno scriverlo, quando scrivono conclamato spessore criminale, devono almeno scrivere una condanna, ma è anche poco, almeno due, fidati di me, io mi sono laureato in scienze politiche, ma prima facevo giurisprudenza, poi ho cambiato perché non mi piaceva; ripetimi le altre»

M «Fondi all'estero e le conoscenze»

Giorgio «Hanno quantificato? decine di migliaia di euro, milioni?»

M «No, niente»

Giorgio «Per le conoscenze all'estero hanno almeno scritto un nome?»

M «No, nulla»

Giorgio «Ecco, di fatto è come se uno volesse dire: Marco, secondo noi, è gay. Ma lo avete mai visto con un uomo? No, solo con donne. ma, secondo noi, è gay, quindi lo arrestiamo»

M «Ho capito che intendi, insomma è come se in un paese dove essere gay è reato, ti arrestano inventandosi le cose»

Giorgio «Sì, è così, ma perché ti hanno fatto una cosa del genere, insomma, capisco se tu fossi stato una persona importante, una persona famosa, voglio dire, te l'ho raccontato il caso Tortora?»

M «Sì, sì, me l'avevi raccontato»

Giorgio «Ecco, in quel caso posso capire, ma tu non sei uno famoso»

M «Sì, è vero»

Giorgio «Cosa c'è dietro?»

M «Non lo so ancora, comunque grazie»

Giorgio «Niente, ciao, ci vediamo»

M «Ciao, grazie» non pensavo mi avessero ingannato sfruttando la mia ignoranza in materia, la situazione conferma le mie impressioni sull'avv. Martinoli: stava facendo una recita, per quello non ha scritto nulla sulle mie contestazioni.

Un paio di giorni dopo mi sto prendendo un altro caffè con Giorgio al solito bar, gli racconto che mi è venuta in mentre un'altra cosa, poiché non mi fido dell'avv. Riva Federico, ho chiesto informazioni anche ad un altro che mi ha presentato un amico, ho una registrazione telefonica con un maresciallo di nome Ena della finanza che dice che io non c'entro nulla.

Giorgio «Hai la chiamata registrata? Cosa dice?»

M «Mi fa capire che sanno che io non c'entro nulla, adesso non mi ricordo la frase specifica, ma mi pare, sappiamo che lei non c'entra niente»

Giorgio «Ah, ti hanno detto così? ancora peggio per loro»

M «L'avvocato mi ha detto che per il messaggio modificato (intendo l'intercettazione dell'SMS), come ti avevo raccontato, è un grave falso in atto pubblico, ma per la chiamata ha detto che loro possono bleffare»

Giorgio «Marco dai retta a me che ho qualche anno in più di te, potrei essere tuo padre»

M «Di fatto hai l'età di mia madre»

Giorgio «Ecco, appunto, tu per cosa sei stato imputato?»

M «Per la frode…»

Giorgio «Per un reato documentale, quello di cui ti accusano, indipendentemente da tutto è un reato documentale, ci sono le carte che sono le prove di quello che dovresti aver fatto; non hai commesso un omicidio, in quel caso uno può bleffare, ma in questo caso sono le carte che parlano, quindi tu, no, lo dovrebbe fare il tuo avvocato, dovrebbe dire a questi: ma voi come vi siete permessi di imputarlo se gli avete detto che sapete che lui non c'entra niente?»

M «Ok, vediamo che combina l'avvocato, comunque tengo presente la cosa»

Acquisto la smart band e faccio un'importante scoperta, la percentuale del mio sonno profondo è la metà di quel che dovrebbe essere, nonostante il numero delle ore di sonno sia regolare. Faccio una visita medica, il dottore mi informa che non recupero abbastanza quando dormo, di fatto sono come un telefono cellulare la cui batteria si ricarica solo il venti per cento del totale, anche tenendolo attaccato tutta notte al caricatore; ecco perché mi sento sempre stanco, un'altra notizia tutt'altro che confortante.

XIII

TERRA D'OMERTÀ E DI COMPLICITÀ

> Il fatto che un'opinione sia ampiamente condivisa non è affatto una prova che non sia completamente assurda. Infatti, a causa della stupidità della maggioranza degli uomini, è molto più probabile che un giudizio diffuso sia sciocco piuttosto che ragionevole.
> (Bernard Russel)

> L'indifferenza delle persone è il miglior terreno fertile per la crescita della corruzione"
> (Delia Ferreira)

Mi devo vedere per un caffè con Mick, lo chiamo così, è una guardia giurata che lavorava per un'azienda di vigilanza privata finita in uno scandalo. Siccome aveva visto dei legami di colleghi con certe donnette, hanno tentato di licenziarlo con una motivazione fasulla, mi pare che quel casino fosse lo stesso in cui rimase invischiato l'ex vicequestore Conti che venne assolto, ma perse il suo ruolo nello stato. Ricordo l'articolo di giornale, Conti disse «Mi hanno rovinato la vita per aver servito l'Amministrazione pubblica per trent'anni», lo hanno assolto, ma non è tornato a fare il vicequestore, una delle tante fregature italiane, ti assolvono perché pensano che, se non hai più un ruolo nello stato, non puoi fare danni, quindi, non ti condannano. Frida in varie situazioni, ovviamente, non è nemmeno stata indagata. Mick mi passa delle informazioni quando ne ha. Mi dice che, se voglio avere informazioni la zona migliore è frequentare un bar in Dalmine (BG) e la SP525, detta anche via provinciale, ma ovviamente non devo percorrere continuamente col veicolo la strada, altrimenti, potrebbero pensare che m lì alla ricerca di prostitute e farmi la multa. Devo fermarmi nelle pasticcerie notturne ed iniziare a farmi un giro di conoscenze lì. Non devo solo consumare ed andarmene, devo diventare un assiduo frequentatore e trattenermi nel locale il più possibile, mi dà i nomi anche di alcuni bar aperti fino a tardi dove poter indagare. Mick dice che non farò fatica a socializzare per come sono io; infatti, qui a bergamo mi sono sentito dire spesso che sono un tipo molto socievole. Di fatto è perché sono tutti chiusi e provinciali: dice di iniziare dalla zona di lallio, è la migliore per ottenere informazioni, spesso è il primo posto dove si viene a sapere di retate appena avvenute. Lo ringrazio e lo saluto.

Mentre ritorno all'auto, vedo scritto su uno degli armadietti grigi del cablaggio telefonico una scritta: "Zico Spacciatore", io ci avrei scritto anche: "con la protezione delle divise rosse"; filmo col mio smartphone, salvo il file, VID_20150623_140309.mp4

Ad agosto di quest'anno lo scrittore Roberto Saviano, di cui non sono un fan, definisce la città di bergamo: «Terra d'omertà e di complicità». Vorrei rispondergli: «Hai scoperto l'acqua calda» resto stupito per la reazione del sindaco Giorgio Gori, il quale si indigna anziché restare in un religioso silenzio, in questa città ti crescono o tentano di cresceri, ignorando la vera realtà dietro alla facciata d'apparenza, indipendentemente dal livello di cultura e/o dalla posizione sociale, questa città è uno spaccato di umanità in un altro mondo con altre regole. Quando li metti di fronte ai fatti ti dicono frasi idiote come «Tutti tu li trovi» intendendo: trovi i guai perché non ti vuoi piegare. Se dovessi spiegare bergamo, lo farei con questi due episodi:

Vi fu un periodo in tutta Italia in cui alcuni studenti si suicidavano a seguito della bocciatura. Quando accadeva, in diverse parti d'Italia riaprivano gli scrutini, ma non a bergamo, qui, se un ragazzo si buttava sotto le rotaie del treno per il mobbing di alcuni professori nella scuola, questi passavano in tutte le aule a fare discorsi manipolatori come: «Si è suicidato per una ragazza, ma non si sa chi sia, (perché non esiste), poi forse anche per i voti a scuola (manipolazione per non far uscire il comportamento di certa marmaglia statale)» e poi tornavano a dire: «lo ha fatto per questa ragazza che però non sembra essere una compagna, non si sa chi è (perché non esiste)», il tutto per proteggere il loro posto di lavoro statale e la loro immagine.

L'avv. Loredana del sindacato era veramente una mezza tacca, quando ci parlavi sapeva solo atteggiarsi. Quando ero adolescente avevo un'opinione eccessivamente alta dei laureati, pensavo che chi è istruito fosse qualcuno che vive sempre in condizioni più che dignitose, non necessita di delinquere, nonostante i trascorsi della dottoressa in medicina che si credeva la razza superiore; poi incontrai l'avv. Loredana, mi resi conto che era una che poteva sopravvivere solo fregando poveri ignoranti e, continuava ad esibirsi con la sua prosopopea, a fare minacce, una volta il V mi portò al sindacato rosso, nell'ufficio vertenze, dove mi trovai con il V alla mia sinistra e davanti Bolone e l'avv. Loredana. Bolone inizio a dire «Marco non ubbidisce al padre, vero che non gli facciamo le vertenze, vero Loredana che non gli diamo gli atti delle vertenze se non ascolta il padre?», l'avv. Loredana disse molti «Sì, sì certo; Io faccio; io denuncio; io…», il V. prontamente piegandosi verso di me mi disse «Hai visto tuo padre, ascoltalo tuo padre, ascolta quello che dicono le persone più grandi di te».

La situazione era davvero marcia, Bolone si faceva riparare l'auto dal V, poi il V veniva da me e mi diceva «Com'è giusto sei tu che dovresti pagare tuo padre che ha aggiustato l'auto del sig. Bolone, como che lo ha fatto rappresentante sindacale», in più occasioni Bolone vide che il V mi colpiva al fegato, pancreas ed ai reni, in paio di occasioni allontanai il V spingendolo, Bolone si mise ad urlare indietreggiando e puntando il dito verso di me urlando «Figlio cattivo che picchia il padre, figlio cattivo», mentre il V diceva «Eh, permettiti (come ti permetti), tu non devi reagire come che non sei uomo come tuo padre, perché fai così? Fai u bravo».

Quel giorno al sindacato, dato che vi era altra gente nell'ufficio vertenze, io guardai l'avv. Loredana e dissi a voce alta, ma senza urlare «Dovrei portarli i soldi e farmi colpire al fegato ed ai reni senza reagir—». Bolone mi interruppe urlando «FIGLIO CATTIVO CHE NON ASCOLTA IL PADRE», poi iniziò ad indicarmi col dito e lo disse un altro paio di volte; si fermò perché Loredana inizio a parlare fissandomi a sua volta e dicendo «E io denuncio; ed io faccio», ebbi quindi la consapevolezza che lei sapeva cosa stava accadendo, era il duemilauno ed ero diventato da poco maggiorenne. Quella situazione estorsiva era iniziata con la maggiore età in quanto da minorenne feci un solo lavoro estivo ed i soldi vennero bonificati direttamente sul conto bancario del V. Il giorno dopo la maggiore età dovetti fare la visita Militare, il giorno successivo aprii in conto corrente ed iniziò la lotta per l'estorsione da parte del V e la mia resistenza alla violenza economica.

La situazione mi fu chiara, una cretina con laurea che nessuno considerava, riuscì a spacciarsi per paladina della giustizia, facendo diventare il suo studio legale uno studio con un buon rating internazionale, gli è bastato fare causa ad una grossa azienda, la Koinè Spa, sfruttando un malato di mente che poteva essere un testimone molto convincente.

Quando uscì lo scandalo dell'attore americano Bill Cosby, dove dietro la facciata di filantropo si nascondeva uno stupratore seriale, io ho pensato "L'avv. Loredana è la versione avvocato di Cosby"; feci una battuta al V su Loredana quando uscì la notizia in TV, era circa un anno prima che scappassi.

Quel giorno, al sindacato, capii perché il V, lo zio, e gli altri parenti non erano mai stati arrestati. Ci fu un'indagine della polizia spagnola su uno dei prestanome, il V venne chiamato dalla caserma dei Carabinieri di valbrembo per delle segnalazioni relative a delle armi da fuoco, ma insabbiarono. Non controllarono le bollette degli abbonamenti dei cellulari che erano di importi pari allo stipendio del V, ed ovviamente neppure il furgone che poteva contenere mille chili nel tetto e che faceva continui viaggi tra Spagna ed Italia; tenendo presente che i carabinieri di ponte san pietro (bg) erano praticamente i vicini di casa, significa che amano non vedere e prendersi lo stipendio.

XIV

MIFA

*Se potessi, scriverei una gigantesca
enciclopedia sulle parole 'fortuna' e
'coincidenza'. È con queste parole che
si scrive il linguaggio universale.*
(Paulo Coelho)

Vado a fare l'aperitivo a casa di una
mia amica, di fatto andiamo a casa di
una sua amica, arrivo, c'è la mia amica
e la proprietaria di casa, Mifa, gli
sistemo il pc e facciamo quattro
chiacchere, ha cucinato, pepata di
cozze, apprezzo fare un po' di vita
sociale, si parla di un po' di tutto ed il
discorso dalla politica finisce ad abusi
di polizia e carabinieri.
Mifa «Ma tu…genitori?»

Sorrido e mi chiedo se devo avercelo scritto in faccia che sono un orfano di fatto, le rispondo «Non li ho, o meglio, ci sono, intendo, sono vivi, ma ho chiuso con loro, sono due stronzi, non ci parlo, sono cresciuto in affido o con parenti che sono come loro»

Mifa «E come ti trattavano?»

M «Male, abusi e maltrattamenti vari»

Mifa «Ma sessuali?»

M «Lo zio, ex poliziotto, mi molestava continuamente, ma nulla di che, non ce la faceva, però mi faceva colpire continuamente al fegato ed ai reni perché non riusciva ad abusare di me»

Mifa «E tu cosa facevi?»

M «Mi irrigidivo, incassavo il colpo, si stancavano prima loro di me»

Mifa «Ah, non ti sei sottomesso?»

M «No, perché?»

Mifa «BRAVO!!!, io invece mi sono sottomessa con mio zio e...» non finisce la frase.

La guardo con attenzione, fa un bel lavoro, laureata, donna simpatica ed interessante, ascolto con molto interesse il racconto.

Mifa «Poi due, tre anni fa, tramite un mio amico avvocato, ho deciso di scrivergli una lettera in cui era descritto ciò che mi aveva fatto. Qualche giorno dopo averla ricevuta mi ha fatto un bonifico sul mio conto senza che chiedessi nulla. Il mio avvocato, un grande, gliel'ha inviata in barba alla prescrizione, poi l'avvocato voleva che io andassi avanti, ma non me la sentivo, comunque dopo quella lettera la moglie lo ha lasciato e l'azienda ha iniziato ad andargli male»

M «Ci credo» penso alla scena della moglie che vede i comportamenti del marito dopo che gli è arrivata quella lettera.

Mifa «Io, comunque, quando gli ho inviato quella lettera mi sono sentita liberata da un peso che mi tenevo qui da anni» indica sul petto.

M «Sì, ti capisco»

Mifa «Lo hai un avvocato? di cui ti fidi»

M «No, ma ne troverò uno»

Mifa «Fagli causa e pignoragli tutto fino al buco del culo»

M «Prima ho questa cosa con la finanza da risolvere»

Mifa «Tu qui come ci sei arrivato? In questa situazione intendo»

M «È vero hai ragione anche tu»

Passo una piacevole serata, me ne vado verso le ventidue e trenta, mi dirigo verso la SP525, è presto per raccogliere informazioni, bisogna attendere la mezzanotte. La mia nuova amica mi ha risvegliato dei ricordi: quando avevo diciassette anni e mezzo ed ero stato bocciato per la terza volta, gli zii Lucia e Salvatore, organizzarono una grigliata per festeggiare, invitando anche altri parenti collusi con tutte le attività e consorti vari. La zia tentò di spingermi con la testa nel barbecue, quando fallì, perché ero più forte di lei, prese un coltello da carne seghettato con il manico nero in nylon e tentò di sfregiarmi il viso di taglio, continuando a dire ad occhi socchiusi «Non reagire, la zia può, la zia può e sorrideva con un sorriso di plastica». Io la spinsi velocemente colpendola sulle spalle, il coltello le cadde e si mise ad urlare «Io ti denuncio, io chiamo i carabinieri» era arrabbiatissima.

M «Va bene CHIAMALI! cosa fai? gli dici che ho reagito mentre tentatavi di sfregiarmi il viso con un coltello?»

Zia Lucia «Eh sì, perché io posso, eh, io posso, io posso» convintissima di quello che diceva, lo zio salvatore con gli occhi sgranati «No, non chiamarli»

Zia Lucia «Perché? Eh, perché?» con aria stupita

Zio salvatore «Perché a me non me sta bene, me fai questo favore a me?»

Salirono in casa loro e si chiusero in camera, ma tutto si poteva sentire e registrare, lo zio gli spiegò che per sfregiarmi il viso, doveva colpire di punta e non di taglio, così se l'avessi denunciata, di punta avrebbe potuto dire che era un incidente, di taglio non era possibile. Lo sapeva in quanto ex poliziotto: riprovarono pochi minuti dopo con il V che mi colpiva al rene destro, lo zio che mi molestava e la zia che di punta tentava di sfregiarmi il viso. Presi il polso della zia e stringendolo lo allontanai dal viso verso l'alto, lo zio ed il V in circa un minuto si stancarono e fallirono nell'intento, poi, lo zio supplicante venne da me a dirmi che nel caso fossero arrivati i carabinieri, avrei dovuto fargli il favore di dire che non era successo niente, soprattutto nel caso si ripetesse un comportamento criminale della zia contro di me in sua assenza.

Qualche ora dopo, di sera il V era sdraiato a letto e mi chiamò.

V «Hai capito che devi ascoltare tuo padre, come che è rappresentante sindacale como che non sei uomo come tuo padre lo devi ascoltare, ti devi fare sfruttare», lo mandai a quel paese e lui iracondo si alzò e tentò di sollevare il comodino per spaccarmelo addosso, ma era troppo pesante, ci riprovò a sollevarlo, io andai in camera mia e presi una forbice che avevo in camera, me la portai aperta nella mano destra e gli dissi «Io piuttosto crepo, ma non mi arrendo». Sfregai la lama sull'avambraccio, mi feci un taglio nell'avambraccio sinistro, inizio a scendere qualche goccia di sangue ed il V abbandonò l'idea del comodino da spaccarmi in testa. Chiamò preoccupato lo zio, il quale voleva portarmi in pronto soccorso, ma pretendeva che dichiarassi che facevo parte di qualche setta. La zia, spostata di testa come lui, annuiva, c'erano anche la figlia Marilena ed il compagno Vito, tutti uniti nel sodalizio anche per questioni economiche. Alla fine, mi misi un cerotto e me ne andai in camera mia con il V sconsolato che diceva «Ma perché fai così, cos'è che hai?». Peraltro, il fratello dello zio Salvatore, lo zio Antonino detto Tony, è ancora in polizia e dovrebbe abitare a Villasanta, sarà andato in pensione? Anche lui omertoso, non ha mai denunciato il fatto che la zia Lucia approfittò economicamente dei suoi suoceri, inoltre, il V aizzato dallo zio Salvatore tentò di eliminare i genitori di questo. Per questioni legali tra il V e la ex moglie, la casa del V era intestata al nonno Domenico, il padre dello zio Salvatore. Salvatore convinse il V che il nonno Domenico voleva rubargli la casa e il V più bestia che uomo ed armato d'ascia iniziò a colpire la porta della casa del nonno Domenico, bilocale che era situato sullo stesso pianerottolo dell'appartamento degli zii Salvatore e Lucia. Io in quel periodo ero in affido famigliare. Arrivarono i carabinieri, chiamati dal nonno Domenico e la moglie, il V aveva le mani ferite, nessuna imputazione per tentato omicidio, il nonno a causa delle minacce vendette la casa e si trasferì in affitto a Villasanta (MB) dove vive lo zio Tony. E questi non fece nulla. Il V si ferì le mani perché diede qualche pugno alla porta di casa dei nonni e sporcò di sangue sia la loro porta che le prese dei pulsanti elettrici di casa sua. La zia rideva tronfia ed anche lo zio. Il rapporto tra lo zio Salvatore ed il V è sempre stato uguale al rapporto che hanno gli spacciatori-tossici da due soldi con il loro cane: questi alzano la voce nel paesello e minacciano di scagliare il cane contro la vittima che non riconosce il loro potere. Ovviamente questi spacciatori sono dei bulletti che hanno paura della propria ombra ed usano il cane come arma di minaccia. Identici a loro sono molti corrotti che al posto del cane per minacciare usano la divisa. Le cose andrebbero diversamente e ci sarebbe maggiore giustizia, se anche i cittadini potessero armarsi e posti di fronte a un delinquente con o senza la divisa, questo venisse fatto secco o almeno gambizzato: a questo punto, anche il cittadino potrebbe pronunciare a sua difesa la nota frase "meglio un brutto processo che un bel funerale". Questa è frase di battaglia della maggior parte delle forze dell'ordine. Ovviamente poi a loro che sono i maggiordomi di certe toghe, il processo è spesso una farsa quindi tutt'altro che brutto.

L'incontro con Mifa mi ha risvegliato dei ricordi del luogo da cui sono fuggito ed un lampeggiante della polizia mi ha riportato alla realtà. Mi fermano, eseguono il controllo documenti, alcool test, spiego che non l'ho mai fatto, sbaglio la prima volta, il poliziotto mi dice «Devi soffiare continuamente, non di colpo e poi smettere, lo fai tre volte, se sbagli tre volte ti ritiro la patente». Al secondo tentativo riesco nel test, risultato ottimale, mi dà un foglietto simile ad uno scontrino, è il risultato del test, mi chiede dove vado e che lavoro faccio.

M «In questo periodo faccio tre lavori» Poliziotto «Come tre? Com'è possibile, c'è chi non ne ha uno, tu tre, cosa fai?»

M «Principalmente faccio il tecnico informatico, poi lavoro anche in un magazzino, ma è una cosa provvisoria, poi di solito due o tre sere la settimana lavoro come barista in un ristorante, ma siccome non mi pagano, oggi non sono andato e sono andato da una mia amica a sistemargli il computer».

Poliziotto «Ah, sistemargli il computer, si dice così adesso» sorrido davanti al suo comportamento. Il poliziotto guarda il collega e chiede «documenti? tutto a posto? ciao, vai»

Lo saluto e mi dirigo verso la pasticceria notturna.

XV

VILLA ED IL BARETTO

> La polizia è ovviamente corrotta.
> … La polizia osserva sempre che i
> criminali prosperano. Ci vuole un
> poliziotto piuttosto ottuso per
> non notare che la posizione di
> autorità è la posizione criminale
> più prospera disponibile"
> (Frank Herbert)

Chiamo Domenico, mi servono delle informazioni e voglio sapere se mi può aiutare.

M «Ciao Domenico, mi serve una info, se puoi»

Dome «Dimmi Marco, se posso»

M «Tu da quanti anni vivi a villa d'almé?»

Dome «Da dieci anni, più o meno, ma perché?»

M «Niente allora»

Dome «No, ma perché?»

M «Ti ricordi che dopo che siamo andati da Beppe e Pietro, ti avevo detto che avevo alcune informazioni, mi serviva verificare alcune cose su quello che teneva la escort a lavorare nel bar attaccato alla caserma dei carabinieri»

Dome «Eh, sì, si, dimmi, dimmi»

M «Mi hanno detto che questo aveva un bar che si chiamava il baretto, che lo ha chiuso il giorno prima che gli arrivassero addosso i carabinieri e lo ha aperto dall'altra parte della strada. Poi ha chiuso anche quello perché gli erano addosso, ma questo è successo quando questo aveva vent'anni circa, ed è nato nel sessantadue o nel sessantatré; quindi, non puoi aiutarmi»

Dome «No, no, invece sì, Marco, mia moglie è di villa e se non c'è mia moglie c'è mia suocera che anche lei è di villa, sono sempre state qui nel paese».

Intende dirmi che la suocera e la moglie sono nate e cresciute nel paese.

Dome «Quindi cosa ti serve?»

M «Sapere di un bar di nome il Baretto; stava per essere chiuso dai carabinieri di villa, ma il titolare lo ha chiuso poco prima che gli arrivassero addosso e poi lo ha subito riaperto nella stessa strada, ma dal lato opposto. Fammi sapere che informazioni trovi»

Dome «Sì, Marco, chiedo a mia moglie e mia suocera e poi ti dico, ma era il Maresciallo Milo quello che lo stava arrestando, quello bravo morto di tumore?»

M «Non lo so Domenico, quando sono accaduti quei fatti nemmeno ero nato»

Dome «Ah, ok va bene, ti dico appena so qualcosa»

Passano due ore, Domenico mi richiama.

M «Pronto?»

Dome «MARCO, Marco, avevi ragione, è una cosa grossa che qui sapevano tutti nel paese, è vero, ma è successo più di vent'anni fa, sarà stato nell'ottanta, il bar non era di quello che dici tu, ma era della madre, ma è vero, lo ha chiuso prima che i carabinieri gli arrivassero addosso, metto in vivavoce, ti faccio sentire quello che ti dicono mia moglie e mia suocera»

M «Ok, va bene»

Moglie «Mama, te lo ricordi quel bar pieno di balordi?»

Suocera «Se, se, me se recorde [mi ricordo], l'anno poi chiuso e riaperto»

Dome «Marco, Marco, il bar c'è ancora adesso è di cinesi, se passi che mi sistemi il computer, ti faccio vedere dov'è, è qui in centro villa»

M «Ok, ma a me serve sapere se qualcuno sa, se l'avviso di chiudere il bar prima della retata, glielo diedero alcuni carabinieri della caserma di Zogno, quella dove si è sparato in testa il carabiniere»

Intendo alludere se ha ricevuto da carabinieri corrotti il suggerimento di chiudere il bar il giorno prima del raid delle forze dell'ordine.

Dome «Quello non te lo so dire»

M «Dai, grazie lo stesso, passo tra un po', mi fai vedere e facciamo due chiacchere»

Passo a villa d'alme, il bar è un normale bar di paese, poi dopo vent'anni non speravo nemmeno di avere le informazioni che mi ha fornito Domenico.

XVI

LE PROMOZIONI AL CSM

Ricordati soprattutto che non puoi essere
giudice di nessuno. Giacché non può
esistere sulla terra giudice di un criminale
se quello stesso giudice prima non abbia
compreso che egli è un criminale al pari di
quell'uomo che gli sta di fronte e che egli
stesso è colpevole, forse, più di chiunque
altro di quel crimine. Solo quando avrà
compreso questo, un uomo potrà
diventare giudice. Per quanto possa
sembrare assurda, questa è la verità.
(Fëdor Dostoevskij, I fratelli Karamazov)

Solo tre categorie di persone (ho scoperto)
non rispondono dei loro crimini: i
bambini,
i pazzi e i magistrati (Enzo Tortora)

È il duemilaquindici, faccio un paio di ricerche in internet sul PM Fabio Napoleone, non so perché le faccio o, meglio, me lo dice il mio istinto di cui io non mi fido da anni perché è mezzo

-

addormentato a causa del CPTSD, ma cosa leggo? "Promossi i raccomandati di ferri", trovo poi un altro articolo: http://www.gazzettadisondrio.it/giustizia/12072014/dr-napoleone-sondrio-ai-piani-alti-anzi-altissimi

12 luglio 2014 Giustizia

Il dr. Napoleone da Sondrio ai piani alti, anzi altissimi

Tempo (ndr, fa) fra i legali del Foro di Sondrio era girata la notizia della possibile partenza del Procuratore della Repubblica dr. Fabio Napoleone, (classe 1957 e dal 1982 in Procura), tanto che qualcuno pare si fosse guardato in giro per capire in quale Procura sarebbe andato (c'era chi azzardava Brescia).

Aveva ragione chi ipotizzava una partenza, ma aveva torto sulla destinazione. Non una Procura qualsiasi, anche prestigiosa, ma ufficio al numero 6 di Piazza dell'Indipendenza, Palazzo dei Marescialli, Roma, sede del Consiglio Superiore della Magistratura, i piani più alti di tutta la Magistratura italiana.

Il Corriere della Sera gli aveva dedicato un ampio articolo quando era arrivata la notizia della sua destinazione alla Procura della Repubblica di Sondrio. Significativo l'inizio: «Il Csm gliel' ha proposta, e lui ha accettato. In fondo, la Procura che a mesi andrà a dirigere, è quella di Sondrio. E Sondrio e il PM Fabio Napoleone sono riservati e lavoratori. Producono senza dirlo, men che meno strombazzarlo. Ecco in proposito, più avanti, un altro flash: «Senza mai foto sui giornali quant' è scarno l'archivio dei primi piani di Napoleone e senza mai perdersi in interviste.

Si è candidato per il CSM, 16 componenti togati (8 li nomina il Parlamento), con quattro posti riservati ai P.M. Esito positivo per i pubblici ministeri: Luca Forteleoni, sostituto a Nuoro 1571 preferenze, Luca Palamara, PM a Roma ed ex presidente dell'Associazione Nazionale Magistrati, 1.236, Antonio Arditturo, sostituto a Napoli, 1.163, Fabio Napoleone, procuratore a Sondrio, 1.127.

Curriculum del dr. Napoleone (x)

Entrato in Magistratura nel 1981, fino al 1987 ha lavorato al tribunale di Milano, conducendo tra gli altri il processo Verdiglione, facendo emergere i problemi penali del rapporto tra psicanalista e paziente.

Trasferito in Procura a Tribunale di Milano fino al 2008, ha indagato sulla Duomo Connection, il primo grande processo di Mafia nel Nord Italia, che ha visto indagati anche personaggi politici. Si è occupato di terrorismo nero (Banda Cavallini).

Al tempo di Mani Pulite, all'interno del Dipartimento reati contro la PA, ha condotto penetranti indagini in Milano ed in numerosi comuni dell'hinterland milanese nel settore della corruzione in materia di interventi urbanistici ed edilizi, per l'assegnazione e la turbativa di appalti e per l'assegnazione di aree di edilizia economico popolare, oltre che nel settore Demanio e presso l'Ufficio Condoni del Comune di Milano, per fatti di corruzione e reati collegati all'interno degli Uffici della

Motorizzazione Civile, per fatti di associazione per delinquere, corruzione, falso e turbativa d'asta e reati collegati inerenti alle procedure di competenza della Regione Lombardia e dell'ufficio del Vice Commissario per l'emergenza relative alla realizzazione di lavori connessi al dissesto idrogeologico. Tali indagini hanno consentito di individuare veri e propri «Sistemi corruttivi» e di accertare numerosissime procedure interessate da anomalie e falsificazioni e da accordi corruttivi di ingente entità.

Ha svolto indagini ambientali in materia di traffico di rifiuti (indagine cosiddetta Giro D'Italia: rifiuti urbani che dalla Campania transitavano in Lombardia per poi tornare a Taranto).

Si è occupato della corruzione di pubblici ufficiali tramite agenzie di investigazione private e in tale ambito ha indagato sul dossieraggio ai danni del presidente della Regione Lazio e sullo spionaggio della security del gruppo Telecom Pirelli.

Nel 2008 è stato nominato Procuratore della Repubblica di Sondrio, dove lavora tuttora. È attualmente anche componente del Consiglio Giudiziario presso la Corte di Appello di Milano.

Adesso occorre attendere che il Parlamento nomini gli 8 di sua competenza per il quale il quorum è di 3/5 dopo di che il CSM potrà essere insediato.

Per quanto ci riguarda assumerà l'interim di Capo della Procura sondriese la dr.ssa Elvira Antonelli per via della sua «IV valutazione di professionalità». Sostituti: Benzi dott.ssa Barbara Latorre dott. Stefano Puricelli dott. Giacomo Russo dott.ssa Luisa.

(x) Dall'appoggio della sua candidatura da parte di 'Area' la corrente che riunisce Magistratura democratica e Movimento per la Giustizia: http://www.magistraturademocratic a.it/mdem/speciale/primarie-csm-2014/? c...

------------------fine articolo-----------------

Sono abbastanza ignorante in questioni giudiziarie, soprattutto quelle delle carriere politicizzate, ma qualche idea mi frulla nella testa. Il PM Napoleone è sempre stato a Milano e gli propongono Sondrio nel duemila otto, con il relativo aumento di stipendio a € 109433,15; il periodo più caldo della questione contro Frida e mentre il mondo puntava il dito su Berlusconi, vallettopoli e puttanopoli; nel marzo duemiladieci iniziano le intercettazioni e le indagini su di me e su altri, dopo due anni mi fa arrestare con uso di atti falsi e poi viene promosso al CSM, la sua azione nei miei confronti è stata una manovra che ha fatto gongolare Frida ed i suoi amichetti come una manna dal cielo e ha deviato completamente l'attenzione dai fatti. Non avrebbero potuto sperare di meglio; poi, scopro che Frida è stata spacciata per traduttrice della finanza, hanno sostituito un giudice donna, la dott.ssa Cantù con Giuseppe Zuccarotto, sono spariti gli atti dal fascicolo dell'avv. Bocci. Non sono di certo tutte coincidenze; dato quello che ho visto, Frida non è solo amica di divise rosse ma anche di toghe, da questo momento le mie congetture diventeranno sempre più disturbanti. Sto pensando anche agli aspetti psicologici della situazione, probabilmente il PM di Sondrio pensava che dopo essermi trovato la finanza in casa, se chiamato a rendere interrogatorio in valtellina avrei ignorato completamente il procedimento relativo a Frida pendente davanti al Giudice di Pace e quindi sarebbe avvenuta la tacita rimessa querela riducendo a zero i loro rischi.

XVII

NO FAIR PLAY

Né la più saggia costituzione né le leggi più sagge possono garantire la libertà e la felicità di un popolo i cui costumi sono universalmente corrotti. (Samuel Adams, The Advertiser, 1748)

Chiama una cliente, è cinese, si fa chiamare [moon], circa due anni fa il marito si è separato da lei ad ha aperto una sala scommesse a Brescia, le ha lasciato la sala VLT a bergamo, è intestata a lei, è demoralizzata per la nuova legge sul gioco d'azzardo fatta dal sindaco Giorgio Gori, sta perdendo soldi, dice che tra tre mesi dovrà chiudere se continua così. Le consiglio di chiamare un avvocato, ma passerò nella sala slot a parlarne con lei.

Vado con i mezzi pubblici poi faccio un pezzo a piedi, [Moon] ha fissato un incontro con Chicco, il suo nome nell'ambiente lo conosco tutti, la loro azienda si chiama come il partito politico del comico, anche la fama della sua "serietà" e "correttezza" lavorativa non sono immeritate. Suggerisco che l'avvocato scriva al comune, [moon] si lamenta e non sa che fare. Chicco si siede sul biliardo e mi dice che non si può fare nulla, poi esclama «È la legge del mulo, la legge di chi lo prende in culo!», non conoscevo questo detto bergamasco, quella sala è piuttosto nota, ci hanno trovato delle divise a giocare durante il turno di lavoro ed è scattata un'indagine e delle sanzioni.

Al ritorno dalla cliente sto camminando in via borgo palazzo, sono all'incrocio con via daste e spalenga. Una ragazza a bordo di una Citroen C3 nera fa una manovra azzardata, si mette in doppia fila accanto ad un'auto per poter entrare nella via borgo palazzo, poi rallenta, abbassa lievemente il finestrino, si accende una sigaretta, mi passa davanti lentamente mentre attendo di attraversare le strisce pedonali, appare voglia farsi notare, poi entra nella via borgo palazzo, in direzione seriate e col senno di poi mi rendo conto realizzo che quella ragazza era proprio Laura. Tre giorni dopo questo evento inizierà a farsi notare da Nick, il suo istruttore di palestra con cui poi inizierà ad uscire, gli account finti non smetteranno; diminuiscono nei suoi periodi di convivenza, probabilmente, facendo tutto con lo smartphone, senza un computer, non deve farsi beccare.

Passano un paio di giorni e mi chiama [Moon], un cliente ha perso il portafogli nella sala, ha sporto denuncia e serve il filmato da consegnare alla polizia, sta succedendo spesso in questo periodo. Ogni volta che la vedo si lamenta di un poliziotto che chiamerò *Longplace*, questo le continua a scrivere e–mail, sono due anni che la corteggia, ma lei non è interessata e mi mostra i messaggi e mi stampa anche una delle e-mail.

Passano due mesi ed accade un fatto inaspettato, improvvisamente [moon] cambia idea, inizia a frequentarlo e non sembra più avere problemi con gli orari della sala: la cosa appare strana.

Lei e le sue dipendenti asserivano che con quella legge del divieto di gioco in determinate fasce orarie, il sindaco Gori ha eliminato loro il novanta per cento degli incassi. Moltissime sale gioco del centro si spostano nei comuni limitrofi per non chiudere. Tempo prima è uscito anche un articolo su un quotidiano relativamente al fatto che hanno trovato la sala di [Moon] con clienti che giocavano durante le ore proibite. Dopo l'inizio di questa frequentazione non ha più problemi, solo coincidenze? Come avrà fatto il suo nuovo Romeo a sistemare la situazione nella lunga–piazza del gioco bergamasco? Il poliziotto è noto per essere un bulletto, si compra anche una Camaro nuova, forse un regalo? Improvvisamente i giocatori si accaniscono appena dopo o appena prima le fasce del divieto per giocare in quella sala? Oppure non si fanno controlli alla sala della compagna di un poliziotto nella città dei mille? Non mi pongo nemmeno la domanda non mi interessa, chiuderò il rapporto con qualche scusa, farò in modo che non mi voglia più come tecnico, commento solo pensando a scorrettezze e mi dico: *No fair play in this city.*

XVIII

FROM COREA WITH MUTUO

> Ahi, serva Italia, di dolore ostello,
> nave sanza nocchiere in gran
> tempesta,
> non donna di provincie, ma
> bordello!
> (Dante Alighieri, Purgatorio,
> Divina Commedia)

È metà duemila quindici, con una mia amica, Annagiulia, decidiamo di andare in una pasticceria in provincia: la Pasqualina; Appena varcato l'ingresso noto che uno dei camerieri è Marcello Lee, appena mi vede mi fissa e fa un ghigno e come un ritornello inizia a dire «Scemo, scemo, scemo, io vado da malesciallo tu denunciato Frida, ahahahah, scemo, scemo, scemo, io vado da malesciallo tu denunciato Frida, ahahahah, scemo, scemo, scemo, io vado da malesciallo tu denunciato Frida, ahahahah».

Annagiulia che è alla mia sinistra sgrana gli occhi e mi guarda allibita, gli faccio cenno di non farci caso e ci sediamo, Marcello viene davanti a noi al tavolo e dice con voce baritonale «Io vado malesciallo tu denunciato Flida, ahahahah, scemo, scemo», lo filmo con il mio Huawei, non se ne accorge.

Annagiulia nuovamente allibita mi guarda e commenta «Ma cosa fa, ma è matto??»

M «Sono tutti così i cani del maresciallo, tranquilla» consumiamo e ce ne andiamo.

Io ed Annagiulia stavamo parlando della sorella minore che è finita nelle grinfie dei servizi sociali. Quando suo padre mi ha detto che a capo del servizio sociale a bergamo vi è ancora Laura Nava, mi sono messo le mani nei capelli. La dott.ssa Laura Nava, lei è di fatto una brava donna, ma non vede ad un palmo dal suo naso. Se avesse nelle sue mani un rapporto del servizio sociale con scritto che un bambino sta bene, potrebbe avere anche accanto quel bambino pestato a morte dal tutore di turno, ma questa comunque direbbe «Sì, il bambino sta bene, come da rapporto». Peraltro, nel caso della sorella di Annagiulia, è solo un modo per mungere soldi al padre e per non indagare su alcune scuole che regalano voti ai bambini, i quali, nel caso cambino scuola, rischiano la depressione. Infatti, sbattono la faccia contro un durissimo test di realtà, cioè, che il voto dieci precedentemente assegnato era completamente inventato e dato unicamente per compiacere gli abbienti genitori.

Molti hanno sentito di Bibbiano e di altri casi di maltrattamento minori, ma la cosa più grave è che, coloro che lavorano all'interno dei servizi sociali vogliono soprattutto che tu perda una cosa: "la speranza che la situazione possa cambiare". A loro serve questo, tu devi accettare qualsiasi cosa come se fosse la normalità, in questo modo loro potranno dirti «è così», intendono dire che devi accettare quello che ti accade senza fare nulla. Se dovessi fare una sintesi del servizio sociale bergamasco lo farei raccontando i due personaggi con cui ho avuto a che fare, lo Psicologo Carmine Martelli, e Laura Fumagalli l'assistente sociale, lui aguzzino e lei ignava.

Mi affidarono al V a metà novembre: due mesi dopo, a gennaio mi recai al servizio sociale dopo le feste natalizie, dissi allo psicologo Carmine Martelli «Non vogliono che io studi, mi devi mettere in un altro affido» lui mi rise in faccia, dicendo «Non si può, sei stato affidato al padre», Quando gli raccontavo le percosse e le minacce sorrideva e diceva «È così» poiché insistetti in due o tre occasioni mi disse «È inutile che continui a venire, dato che con tuo padre stai bene» chiuse il rapporto col servizio sociale. Andai a cercare l'assistente sociale e le dissi chiaramente che il V aveva dei problemi mentali, «non capisce quando gli parli» dissi. Questa mi rispose «ma non è vero che non capisce», io le dissi «ah, sì, allora vieni a parlarci», lei immediatamente alzò le mani in posizione di finta neutralità e disse «Sei stato affidato al padre, sei stato affidato al padre».

Tornai poco prima di compiere la maggiore età nell'ufficio dei servizi sociali, vi era solo Laura, Martelli se ne era andato dal servizio sociale e la cosa non mi stupiva, ma cercavo di capire quanto fosse grave la situazione, per la mia giovanissima esperienza sapevo solo che uno dei "sogni" dell'italiano mediocre era lavorare per lo stato di modo da non perdere mai il fisso mensile qualsiasi cosa accadesse. Incalzai Laura e iniziai a parlare

M «Sono stufo che mi dite che devo dire che le cose vanno bene quando non è vero, mi maltrattano e mi hanno preso in affido per potermi rovinare»

Laura «Eh, vedi, tu ci dicevi che stavi bene, altrimenti noi…»

M «Ah sì? io vi dicevo che stavo bene?»
Alzando di nuovo le mani in posizione di finta neutralità Laura disse «Sì, tu ci dicevi che stavi bene altrimenti noi…» senza finire la frase

M «Ah sì? ero io che dicevo che stavo bene, anche quando stavo in affido (intendendo non affidato al V ed agli Zii»

Laura «Sì, eri tu altrimenti noi…»

M «Ah sì? Ero io che dicevo che stavo bene? Giuramelo sulla vita di tuo figlio che sia chiama anche lui Marco ed è nato il ventotto novembre millenovecento novantadue?»

L'ufficio era di forma rettangolare, abbastanza stretto, sarà stato cinque metri per due e mezzo, una scrivania era parallela all'ingresso e vicino alla porta, l'altra perpendicolare verso il fondo dell'ufficio, su quest'ultima ci si sedeva di solito Martelli con la schiena verso la finestra, mentre su quella parallela ci stava Laura. Quel giorno lei era in piedi dietro alla sua scrivania, io di fronte a lei, la scrivania ci separava, era quasi appoggiata con la schiena al classificatore a cartelle sospese da quattro cassetti che era dietro di lei con entrambe le braccia penzolanti. Quando le dissi quella frase, lei stette qualche secondo in silenzio fissandomi negli occhi. Il suo braccio sinistro si alzò e si appoggiò sul destro, come se stesse per incrociare le mani, ma non accadde. Il suo viso si voltò verso destra come se non riuscisse a guardarmi in faccia e con la mano destra si diede uno schiaffo all'omologa coscia. Non disse nulla, restò in silenzio con il viso lievemente voltato a destra.

Lei realizzò che io avevo ormai compreso che loro erano complici in tutto e la loro gestione dei bambini era di quel tipo. Affidavano bambini orfani, semi abbandonati o emarginati a famiglie disfunzionali che li avrebbero fatti divenire il paziente designato. È questa la fabbrica di futuri criminale tossici e/o alcolisti che necessitano della dose per sopportare il perpetuo dolore provocato da anni di torture, un danno sociale esteso e di cui spesso non si conosce la causa. Mentre la fornitura del capro espiatorio alla famiglia disfunzionale é a costo zero poiché gli affidatari ricevono un contributo di sostegno da parte dello stato.

La guardai e le dissi «Ciao Laura», me ne andai senza dire altro e chiudendo la porta senza sbatterla, in modo silenzioso, lei non disse né fece nulla, restò in quella posizione mentre chiudevo la porta.

Me ne andai non arrabbiato nonostante tutto quello che mi ribolliva in corpo da anni. Quell'incontro mi aveva fatto comprendere che non ero io quello sbagliato, un ennesimo insegnamento. A pensarci bene anche l'incontro con Marcello Lee è stato un insegnamento. Quello che lui è si incastra in quella città, è uno dei pezzi del puzzle perfettamente compatibili anche se proviene da un altro continente e la sua mente ed il suo spirito sono in perfetta sintonia con la città dei mille.

XIX

MULTE AD PERSONAM

*L'abuso nasce dalla presunzione
di un privilegio.*
(Roberto Gervaso)

È il duemila sedici, mi sono spostato dalla traversa di via broseta, non era più sicura, abito in via paleocapa, contratto d'affitto registrato, potrò starci massimo due anni, poi riusciranno a trovarmi. Loro non possono fare indagini dirette, ma fare tutto nel sottobosco marcio che hanno creato almeno dall'anno duemila. Noto che è difficile trovare parcheggio gratuito in questa zona.

Esco in tarda mattinata, faccio colazione, la mia auto è parcheggiata nell'area carico e scarico, vedo una multa, dopo il caffè la tolgo dal parabrezza; la leggo, una multa per aver parcheggiato male nel carico e scarico? il mio pensiero è "Mah, non iniziare a farti paranoie, la paranoia è un normale stato mentale, ma non farti paranoie". Circa due settimane dopo parcheggio nelle strisce gialle del carico e scarico site cinquanta metri più avanti della volta precedente e mentre sto andando al veicolo, noto un vigile che fa la multa. Mi chiedo il motivo, ho parcheggiato lì poco fa, vedo che fa anche una foto al veicolo, sembra stia fotografando solo la parte bassa del veicolo e mi chiedo il motivo. Non mi avvicino, aspetto che se ne vada; mi avvicino, prendo la multa dal parabrezza e leggo la causale: mancanza del disco orario. Il disco orario è incollato all'interno dell'auto in alto sul parabrezza dal lato guidatore. Fotografo la fronte del veicolo di modo che si veda il disco orario e la multa. Vedremo come va a finire, forse non sono paranoie. Noto che in via Giorgio e Guido Paglia c'è un negozio che sarà chiuso da almeno due anni, nonostante il passo carraio tutti parcheggiano lì davanti, ci stanno due auto, nessuno prende la multa, nessuna rimozione, quasi tutte le sere ci parcheggiano delle Mazda seminuove, hanno adesivi con la scritta della casa madre sulle portiere, un chiaro segno che è un parcheggio utilizzabile e gratuito.

Sabato 27/06/2016 parcheggio l'auto verso le nove, ho un mobiletto smontato sul sedile posteriore, lo scaricherò domattina, vado a dormire.

L'indomani mi sveglio, esco per prendere un caffè, nessuna traccia del veicolo, che diavolo è successo? l'ultima cosa che penso è una rimozione, faccio una foto del cartello del passo carrabile per avere i numeri: Aut. N. 6772 del 2007; non mi resta che chiamare l'azienda Zambelli Dino soccorso stradale, hanno loro l'appalto per la rimozione dei veicoli da parte del comune.

[Zambelli Dino] _ [+39035254358] _2016-08-28_09-48-24.amr

[M 00:00] «Zambelli?»

[Zambelli 00:02] «Sì…»

[M 00:04] «Buongiorno, vorrei avere un'informazione, se è stata rimossa un'auto perché… non trovo più la mia auto, la avevo parcheggiata in divieto ed i vigili sono occupati»

[Zambelli 00:11] «Dove?»

[M 00:13] «Eh, via Giorgio paglia. Una Passat verde»

[Zambelli 00:17] «Una Passat? Sì, sì»

[M 00:19] «Ah bene, cos'è? Perché era parcheggiata davanti al divieto?»

[Zambelli 00:24] «Davanti alle, davanti a uno … che doveva uscire (intende passo carraio) forse, non mi ricordo ieri sera.»

[M 00:30] «C'era un divieto, non c'era uno che doveva uscire, nel senso… perché era chiusa, era parcheggiata davanti a un locale non affittato e c'era un divieto di sosta; Però il locale era chiuso, anche perché… vabbè, niente, okay? Quanto mi costa adesso venire, venirla a riprendere?»

[Zambelli 00:49] «Però, deve chiamare il comando, i vigili e cercare Innocenti Matteo.»

[M 00:56] «Perché? Innocenti Matteo?»

[Zambelli 00:57] «[parole incomprensibili]» è stanco dal tono di voce.

[M 00:59] «Me l'avevate restituita due anni fa, una volta, perché ho parcheggiato in divieto, son venuto da voi e ho pagato e me l'avete ridata.»

[Zambelli 01:07] «Eh però io non posso, non posso dartela fino a quando loro mi danno il benestare, devi andare lì in via coghetti»

[M 01:15] «Ah vabbè, okay. Sì, ma comunque ce l'hai tu l'auto?»

[Zambelli 01:22] «Sì, sì, ce l'abbiamo noi»

[M 01:24] «Okay, va bene, perfetto, va bene. Grazie mille.»

[Zambelli 01:27] «Okay.»

Telefono alla polizia locale «Polizia locale città di bergamo. Per richieste di pronto intervento, comporre uno. Per le limitazioni del traffico comporre due. Gli altri uffici sono chiusi. Gli orari di apertura al pubblico sono dalle 08:30 alle 12:30 dal lunedì al venerdì e anche telefonicamente dalle 14:00 alle 17:00, per riascoltare il messaggio comporre zero»

Riprovo a chiamarli il lunedì mattina:

[Vigili Urbani] _ [+39035399559] _2016-08-29_08-38-23.amr

[Polizia locale 00:00] «Polizia locale città di bergamo per richieste di pronto intervento, comporre uno per le limitazioni del traffico, comporre sette, per contattare l'ufficio con prevenzioni, comporre due per l'ufficio occupazione solo. Per informazioni riguardanti avvisi di direzioni, verbali, pagamenti in conto corrente postali o bancari, comporre uno. Per cartelle esattoriali, ricorsi, assicurazioni e regolamenti comunali, comporre due. Per riascoltare il menu principale, comporre zero. Polizia locale città di bergamo per richieste di pronto intervento, comporre uno, per le limitazioni del traffico, comporre sette. Per contattare l'ufficio contravvenzioni, comporre due. Per l'ufficio occupazione suolo pubblico, comporre tre. Per l'ufficio incidenti, comporre quattro. Per nucleo annonario, comporre cinque. Per la segreteria comando, comporre sei. Per l'ufficio di polizia giudiziaria comporre zero. Attendere, prego» il messaggio continua a ripetersi con qualche variazione, finalmente mi risponde una operatrice.

[M 03:18] «Buongiorno»

[Polizia locale 03:18] «[incomprensibile]»

[M 03:19] «Avrei bisogno di un'informazione. Le spiego. Ho parcheggiato l'auto in divieto e me l'hanno rimossa. Ho chiamato l'azienda che l'ha rimossa. Zambelli mi ha detto di contattare il vigile Innocenti Matteo per lo sblocco. Penso che sia per pagare i quaranta euro di multa. Una Passat»

[Polizia locale 03:39] «No, per la Passat le spiego son dei problemi eh, per la Passat dovrebbe venire qua, vediamo quando c'è il collega e parlare direttamente col collega»

Trovo strano che in comune di circa duecentomila persone con tutte le rimozioni che fanno, il corpo di polizia municipale sia consapevole del divieto della mia Passat.

[M 03:48] «Eh?» quando dicono che ci sono dei problemi inizio a pensare ad abusi di potere.

[Polizia locale 03:50] «Un attimo, deve venire nel pomeriggio, signore, faccia così, lei venga qua. Alle tredici quella (intende l'auto) in via paglia?»

[M 03:58] «Sì, esatto»

[Polizia locale 03:59] «Ecco, lei venga qua alle tredici, abita a bergamo?»

[M 04:04] «Sì»

[Polizia locale 04:05] «Mi senti?»

[M 04:05] «Signora?»

[Polizia locale 04:05] «Sì, sì, la sento. Pronto»

[M 04:08] «Sì, la sento, in via Coghetti, okay? Poi diceva?»

[Polizia locale 04:12] «La macchina, tredici e trenta in via Coghetti e chiede di parlare col collega Innocenti Matteo deve però passare qua da noi e poi la vede un attimino cosa c'era fare col collega e poi eventualmente la ritirerà. Però, prima deve passare dal collega, faccia così, venga qua verso le tredici, tredici e quindici, entra, c'è aperto perché l'entrata è aperta e chiede di parlare col collega, Innocenti.»

[M 04:41] «Sì, prendo nota»

[Polizia locale 04:44] «Vieni, vieni, chiedi di Daniele, va bene?»

[M 04:49] «OK, allora Innocenti Matteo, scusi l'altro chi è?»

[Polizia locale 04:53] «Micheli, Daniele»

[M 04:54] «Allora, Micheli.»

[Polizia locale 04:57] «Alle tredici venga, dalle tredici alle tredici e quindici. Loro ci sono e prima di ritirarla devi per forza parlare con loro»

[M 05:04] «Va bene, OK»

[Polizia locale 05:05] «Adesso io, non so se è per l'assicurazione, altre cose però deve parlare con loro»

[M 05:10] «Okay, va bene»

[Polizia locale 05:13] «Arrivederci»

[M 05:15] «Arrivederci a oggi pomeriggio, grazie mille»

[Polizia locale 05:17] «Arriveranno loro, qualcosa c'è. (qualcosa) Cosa c'è che non va nella macchina»

[M 05:20] «Va bene, va bene, grazie mille»

[Polizia locale 05:22] «Niente, Salve, Salve, Salve»

Alle tredici mi reco al comando di via coghetti e chiedo degli agenti di cui mi hanno dato il nome, mi dicono che la hanno rimossa poiché era davanti ad un passo carraio, uno di loro, Micheli Daniele, si avvicina e noto il viso un po' butterato, mi dice «Che ci facevi lì a quell'ora?» fino a quel momento mi ero detto: "Ho controllato, mi sono dimenticato di rinnovare l'assicurazione, ero cinque giorni oltre la scadenza, sarà per quello", ma la domanda del vigile urbano mi accende una lampadina nella testa, perché mai dovrebbero chiedere ad un soggetto incensurato cosa ci fa la sua auto nel centro città alle ore ventitré di venerdì a venti metri da tre bar, una pizzeria ed a cento metri da diversi ristoranti. Sembra che la domanda voglia essere: "dobbiamo localizzarti per qualcuno che ce lo ha chiesto e ti ha messo sul suo libro nero, o meglio rosso, siamo a bergamo"; gli rispondo «Dovevo caricare e scaricare» non comunico che abito lì vicino.

Non ritiro il veicolo, mi dicono che ha un fermo amministrativo, me lo hanno messo gli amici di Autoverde come ho modo di controllare, è la cartella che mi ha fatto avere lui si potrebbe dire, gli comunico che il fermo amministrativo non può essere dato su un mezzo aziendale come da decreto "del fare" di Matteo Renzi, non ci vogliono sentire, lascerò lì il veicolo di modo che si calmino.

Passa un mese, mi presento da Zambelli per il ritiro del veicolo, chiamo il comando dei vigili, quello col viso un po' butterato non c'è, arriva l'altro con un collega, appena gli ripeto della questione del fermo amministrativo, alza la voce dicendo che ha controllato e non ho nessuna p.iva aperta a duo dire. Sta mentendo, se inizialmente avevo maturato un semplice dubbio, e cioè che mi stessero sul collo, diventa ora realtà la sensazione che le mariuole attenzioni siano "su richiesta". Vuole comunque consegnarmi il veicolo, mi comunica che ho circa una sessantina di multe da pagare, e mi dice «e passare al comando?!», nel periodo pre-Frida ero un cittadino abbastanza ligio, ricordo che ero passato al comando per delle multe che avevo perso e le avevo pagate doppie con bollettino, devo avere ancora le ricevute in uno dei cassetti del classificatore a cartelle sospese, ma dal dopo Frida è diventata una cosa diversa. Molte multe sono illegittime perché abuso di potere.

Mi chiede che lavoro faccio, gli spiego che sono un consulente informatico, specificando che sono a p.iva, fa finta di non sentire l'ultima parte, mi racconta che prima di entrare nella polizia locale lavorava in HP, poi quando l'azienda ha deciso di trasferirsi ha fatto il concorso in polizia locale.

Mi informa che deve farmi tre verbali: il verbale per la sosta sul passo carraio, il verbale per l'assicurazione scaduta ed il verbale per il fermo amministrativo. Mi chiede le mie contestazioni solo sul terzo, non ha voglia di scriverle sul secondo e stranamente non mi notifica a mano il primo verbale, come se temesse delle dichiarazioni scomode a qualcuno. Non ha importanza, devo solo recuperare il veicolo e continuare a fare quello che sto facendo. Vediamo come si comporterà, e cioè se dovrà dimostrare, come ha controllato se ho una p.iva aperta; inoltre, se come penso, data la domanda «che ci facevi lì a quell'ora?» sono collusi con dei corrotti: lo sputtanamento se lo sono assicurato.

XX

L 'AMICO RITROVATO E L'ADDIO

Che la terra ti sia lieve

È il 30/10/2016, sono le diciannove e cinque minuti, vedo una chiamata vocale persa in Facebook Messenger. È da parte di Massimo O.; non lo sentivo dai tempi in cui mi aveva pagato con un assegno cabriolet Morzenti, ex direttore di banca e noto truffatore, dovevamo iniziare a vendere assieme auto, ma poi lui è sparito improvvisamente. Gli scrivo in messenger.

M «Ciao Massimo, quanto tempo, come stai?»

Massimo «Sono a bergamo appena uscito dal carcere dopo sei anni»

Marco «Che cavolo è successo?» mi telefona tramite messenger, gli chiedo di incontrarlo, accetta; lo informo che mi sto muovendo con i mezzi pubblici perché il mio veicolo è fermo in un garage. Risponde che non ci sono problemi, lui ha un'auto per muoversi e ci incontriamo. Quando lo vedo, mi racconta che aveva iniziato a fare il narcos, lo hanno fermato con sei chilogrammi di cocaina a Madrid; quindi, ti fanno fare un anno di carcere per ogni chilogrammo che hai con te, ha chiesto poi di essere spostato nel carcere in Italia; quindi, è stato trasferito in quello di bergamo. Dopo aver ritrovato Massimo, quasi ogni giorno lo vedo per un caffè, mi racconta un po' tutto quello che ha fatto da quando ci siamo persi di vista, passano due settimane in fretta, una mattina squilla il telefono, è Massimo, sono in ritardo, dovevamo vederci, sono mezzo addormentato.

M «Massimo, mi sono svegliato poco fa, arrivo»

Voce con accento sudamericano «Non sono Massimo, Massimo è morto, lo abbiamo trovato stamattina».

Massimo era tornato a vendere auto come freelance per un concessionario della periferia da circa un mese, nel frattempo viveva presso la comunità religiosa di un pastore protestante, lo hanno trovato morto, di famiglia tutti soffrivano di malattie congenite al cuore.

M «Arrivo» finisco di vestirmi e mi dirigo verso la comunità pastorale; salgo le scale seguendo le indicazioni e trovo massimo morto, con accanto due addetti della Croce Rossa. Ci sono anche i carabinieri, scrivo un messaggio al cognato, Dario, vado col pastore alla caserma dei carabinieri di via novelli, preparano gli incartamenti per la situazione, nel frattempo mi chiama Dario, il cognato di Massimo. Pensa che sia un brutto scherzo, mi raggiunge nella caserma di via Novelli; il carabiniere ci consegna dei verbali relativi al decesso, vado con Dario al suo veicolo, mi dà un passaggio, mi chiede cosa è successo, ho varie ipotesi, ma gli dico quella più pratica: Massimo non molto contento di lavorare come venditore di auto freelance, si era recato a Nizza in auto per cercare di imbarcarsi come marinaio su una nave, ma era stato rifiutato in quanto diabetico, quindi era tornato a bergamo, il giorno dopo il ritorno è morto. Gli scende una lacrima dall'occhio destro, mi lascia a destinazione, lo saluto. Che situazione! Ritrovo Massimo e muore, uno dei pochi bergamaschi che conosco o, meglio, che conoscevo con una mentalità non allineata all'apologia di omertà.

Che la terra ti sia lieve.

La roba è il prodotto ideale…la merce ultima. Per venderla non sono necessarie tante chiacchiere. Il cliente è disposto a strisciare in una fogna supplicando di poterla comprare… Il mercante di droga non vende il suo prodotto al consumatore, vende il consumatore al suo prodotto.

(William S. Burroughs)

INDICE

MOVIMENTI BIANCHI E VERITÀ ANNASPANTI